M000296205

VÍNCULOS

Vínculos
Apuntes con Rubén Blades

Edgar Borges

Maquetación: Arturo Barcenilla (eglast@orange.es)
Impresión: Ulzama Digital

© Edgar Borges
© Leer-e, 2014
  c/ Monasterio de Irache 74 trasera
  31011 Pamplona (Navarra)
  www.leer-e.es

Primera edición: Alvaeno Ediciones
Segunda edición: Leer-e

Depósito Legal: NA-227/2014
ISBN: 978-84-9071-232-0

Printed in the European Union

Cualquier forma de reproducción, distribución, comunicación pública o transformación de esta obra sólo puede ser realizada con la autorización de sus titulares, salvo excepción prevista por la ley.
Diríjase a CEDRO (Centro Español de Derechos Reprográficos, www. cedro.org) si necesita fotocopiar o escanear algún fragmento de esta obra.

Índice

Introducción

Hola Borges:

Espero que estas notas que tú haces ayuden a otros a entender que el verdadero propósito de vivir es tratar de mejorar lo que puede y debe ser corregido, para defender lo que naturalmente nos beneficia. He decidido participar en esta solicitud dando mi opinión, o explicando mi posición, para aclarar a todos lo que siento, pienso, digo y hago, cosa de que en mi ausencia física otros no interpreten erróneamente mis actos, u omisiones. Gracias otra vez, muy seguramente nos encontraremos por ahí.

Rubén Blades

Barcelona, España, noviembre 2011. Material listo sobre la mesa. La carpeta Proyecto Rubén Blades, el cuaderno de apuntes, el ordenador y la colección de música del personaje que protagonizará mi libro. El diálogo que sostuve con Rubén, el hombre que de adolescente pensó que no viviría más de 40 años, no lo presentaré como una entrevista; el libro tampoco será una biografía. Me interesa contar las vivencias ajenas que de niño observaba en la ventana de mi casa materna mientras descubría la música del llamado «poeta de la salsa».

Por la esquina del viejo barrio lo vi pasar
con el tumbao que tienen los guapos al caminar;
las manos siempre en los bolsillos de su gabán
pa' que no sepan en cual de ellas lleva el puñal.

Usa un sombrero de ala ancha de medio la'o
y zapatillas por si hay problemas salir vola'o,
lentes oscuros pa' que no sepan que
está mirando, y un diente de oro que cuando ríe se ve brillando.

La ventana de niño; el descubrimiento de la rutina de los otros. La cotidianidad de mi familia que descubro en los detalles de lo ajeno. El levantarme de la cama para mirar «la prisa insólita» de los trabajadores del barrio. El viejo de barba que cada tarde subía las escaleras del barrio un poco más encorvado de cómo salió en la mañana. Atender el llamado de mi madre para cumplir mi papel en la rueda («A la cama Edgar, que mañana hay clase»). Del colegio o de los paseos siempre retornaba a mí puesto de observación: la ventana. Mi juego: el teatro de los otros, que también, aún sin saberlo, era un poco el mío.

Regresa un hombre en silencio
de su trabajo cansado
su paso no lleva prisa
su sombra nunca lo alcanza.
Lo espera el barrio de siempre
con el farol en la esquina
con la basura allá en frente
y el ruido de la cantina.

Pablo pueblo
llega hasta el zaguán oscuro
y vuelve a ver las paredes
con las viejas papeletas
que prometían futuros
en lides politiqueras
y en su cara se dibuja
la decepción de la espera.

Pablo pueblo...

Los libros de Kafka y de García Márquez; los comics de aventuras continuadas y los discos de Rubén Blades me permitieron subir a la azotea donde daría el gran salto de la realidad (impuesta) a la ficción.

(**El vuelo de Caín**). La última mañana de 1899, Rafael se levantó de su cama dispuesto a volar. Vistió el traje y la sonrisa serena de un audaz piloto; salió al jardín, miró a los cielos y suspiró; él sabía que pronto alcanzaría el gran sueño sagrado de los mortales… (El vuelo, su vuelo).

No le daré forma de entrevista ni tampoco de biografía. Me interesa que mi observación y la banda sonora de Rubén Blades formen parte de un tránsito humano común a todos. En la perspectiva de quien observa se descubrirá lo mucho que el mundo ajeno, tanto en la alegría como en la tragedia, tiene que ver con el mundo propio. La música no debe ser una excusa; la música debe ser otra ventana (otra posibilidad) que se le abre a la sensibilidad del niño, del hombre, del narrador. Ya Rubén Blades me contó detalles claves de la concepción de su obra; detalles de alto contenido humano que me hicieron recordar el espacio que descubrí en la otra ventana.

Ventana 1
La poética de la calle

Barcelona-Nueva York. Desde mi mesa de trabajo. Noviembre 2011.

—**¿Qué significa la calle para el Rubén Blades que aspiraba la música?**
—Resultaba una fuente de inspiración y de aprendizaje. Un lugar de observación del diario acontecer urbano que me permitía desarrollar letras y música representándonos, a los que residíamos en la ciudad.

—**¿Qué significa la calle para Rubén Blades hoy, desde la perspectiva de quien ha transitado varios ciclos creativos?**
—De niño, e incluso de adulto, la calle para mi significa LIBERTAD. El argumento del camino, algo que marca mucha de mi obra escrita, implica la posibilidad de movimiento, de búsqueda, de alcance. Para llegar al horizonte tenemos que avanzar hacia él. La calle, más que una construcción urbana, emocionalmente me produce la emoción de lo posible ante lo cotidiano, o de lo aparentemente imposible. Salir a la calle es ser libre, tener alternativas, movernos, descubrir, aprender, enfrentar, probarnos.

Caracas, abril 1973. Los libros se convirtieron en mi primer acercamiento a la vida (en sus páginas descubrí las otras realidades). Al cumplir siete años mi madre me regaló un libro de relatos de Gabriel García Márquez, un comic de Kalimán y una revista de nombre *Muy interesante* en cuya portada la figura dibujada de Albert Einstein anunciaba un especial con la vida y obra del físico. Los tres regalos se los pedí gracias a que fueron anunciados en un comercial de televisión (Nunca pensé que le agradecería algo a la TV). Desde temprana edad la ventana se convirtió en mi extraño juego (El acercamiento más directo a la vida de carne y hueso). Aquella ventana, ubicada en la sala de mi casa, fue el puesto de extraña vigilancia que asumí para observar la vida de los otros. («Edgar, ven a comer»). En mi etapa infantil le di poca importancia al mundo interior de mi familia, casi todo cuanto me interesaba acontecía en el ir y venir de los vecinos. («Edgar, es hora de irse al colegio»). La ventana, un espacio de acceso a la vida; el latir exterior; el escenario de actuación de los extraños; la función de los terceros. En esa ventana presencié, escondido entre mis familiares adultos que también observaban, el primer intento de linchamiento de los vecinos contra dos ladrones que invadieron la zona. No olvido los gritos de los vecinos enardecidos («Hijo de puta, esto es para que respetes y para que enseñes a respetar a tu hijo»). Luego me enteré de que el hombre de más edad era el padre del niño que aparentemente le acompañó en un robo. Esa tarde, en esa acción masiva, descubrí una mirada de rabia (quizá la primera) que jamás pude olvidar. La tenía Otto, el hijo de José María, el popular dueño de la casa donde se vendía lotería y cerveza. Otto, un niño de no más de siete años, era uno de los que apaleaban a los dos invasores. Y recuerdo claramente que Otto apaleó con terrible furia al niño ladrón.

Caracas, septiembre 1973. Primero la literatura, luego la ventana y más tarde la música. Tres (pretendidas) vías de acercamiento a la vida de los otros. Pero faltaba la calle de manera directa. Por ello conversé con Antonio, uno de los tantos compañeros de colegio que vivían en la calle Zea (No me conformaría con ver el ir y venir desde la ventana del pequeño edificio de enfrente). Antonio me llevó a su casa y conocí a su abuela de 107 años. La doña me contó que hace algún tiempo había quedado sorda. Según ella, el tiempo le daría años (y más años) a cambio de los sentidos. Al salir, Antonio me dijo que lo de la sordera de la abuela era una trampa para escuchar las conversaciones de los amigos de sus nietos. Esa tarde partí de aquella casa convencido de que muchos secretos hermosos se escondían en los silencios de la calle Zea.

Caracas, diciembre 1977. En las radios sonaban diferentes canciones del disco ***Willie Colon Presents Ruben Blades Metiendo Mano***...*Pablo Pueblo*...*Plantación adentro*...*La maleta*...*Lluvia de tu cielo*...*La Mora*...*Según el color*...

De Panamá a Nueva York. Recuerdo la primera vez que me pregunté en serio quién era Rubén Blades. Fue en 1977, el año de ***Metiendo Mano***, la primera producción que impactó del cantante panameño. ¿Quién habitaba detrás de

21

la voz que con sus canciones se apoderó de mi equipo de música de la noche a la mañana? (Algo me decía que no se trataba de otro cantante, ni de otro salsero…el hombre de *Pablo Pueblo*, de *Lluvia de tu cielo* y de *Plantación adentro*, más que a los cantantes de moda me recordaba los relatos de Gabriel García Márquez…relatos que para entonces saturaban mi cama. «¡Ordena la cama muchacho!»). Por ello, un día aproveché el descuido de mi hermano José Roberto y, mientras éste salía a comprar algo, me acerqué a su amigo Alejandro, conocido en el barrio como «el doble de Héctor Lavoe», quien como visita muy cercana quitaba y ponía a su antojo discos de salsa (Ricardo Ray y Bobby Cruz; Eddie Palmieri; Las Estrellas de Fania y mucho Héctor Lavoe). Alejandro, ese fiel salsero, que por fiel cada día se parecía más, físicamente, a Héctor Lavoe, tenía que saber quién era Rubén Blades. «¿Rubén Blades? Ah sí, ¡el panameño que grabó con Willie Colón…! Canta bien, en sus comienzos imitaba a Cheo Feliciano, pero canta bien; tiene ahora muy pegados varios temas de su primer disco… Perdona hermanito, te miento, **Metiendo Mano** no es su primer disco. Antes hizo otras cosas en Panamá con el Conjunto Latino de Papi Arosemena; Los Salvajes del Ritmo y Bush y sus Magníficos… ya sabes, grupos locales. Pero el primer disco de Rubén Blades lo hizo en Nueva York, por allá en 1970, con Pete Rodríguez, el rey del boogaloo. Por aquel entonces Pete Rodríguez, el creador del clásico *Micaela*, quedó impresionado con este muchacho extraño que llegaba con su guitarra y un cargamento de canciones. Pronto el rey del boogaloo revisa la maleta de temas del panameño y prepara la grabación. El disco se llamó **De Panamá a Nueva York** y sonaba bien, sonaba bien… Recuerdo que traía canciones bien sabrosas: *Descarga Caliente*; *El Pescador*; *El Bravo* y sobre todo *Juan González* que fue el tema que años después sonaron algunas radios. Ya te digo, fue un disco sabroso pero fracasó, el disco fue un fracaso total y Rubén Blades tuvo que devolverse con su guitarra en mano a su Panamá. Es que ya te digo mi hermanito, era un disco con canciones muy extrañas, demasiado extrañas para el bailador diría yo…»

(*Juan González*)

La historia que van a escuchar
está basada en hechos ficticios,
cualquier semejanza con personas
vivas o muertas es pura concidencia…

La patrulla ha llegado al pueblo con la noticia
que acabaron con Juan González el guerrillero
que por fin el león de la sierra reposa muerto
la guerrilla murió con él, grita un sargento

En la cañada del muerto fue la emboscada
cogieron a la guerrilla hambrienta y cansada, ayy

En un bohío monte adentro se escucha el llanto
de una mujer con un niño que está en pañales
Con ella lloran también los pobres del mundo
los campos lloran la muerte de Juan González

Coro:
La Sierra viste de luto, mataron a Juan González…

Mi curiosidad no se conformó con que «el doble de Héctor Lavoe» me diera una introducción de lo extraño que le parecía aquel disco de Rubén Blades con Pete Rodríguez para después colocarme la canción Juan González, como supuesta prueba de su afirmación. Recuerdo que aproveché el llamado que mi hermano le hiciera a Alejandro, desde la puerta de la calle, para quedarme solo contemplando la foto de portada del «extraño disco». Un Rubén Blades juvenil, físicamente más cercano a Elvis Presley que a Ismael Rivera, en plena calle le pedía «la cola» a un automóvil convertible repleto de jóvenes (luego me enteraría de que se trataba de un jovencísimo Pete Rodríguez y su orquesta). Y mientras mi hermano y su amigo partían a atender asuntos de calle, yo me quedé escuchando el disco. Pronto me pareció que sus canciones quizá no fueron tan extrañas para los bailadores como para los encargados de determinar qué cosa era o no un éxito. Por lo menos, aquella tarde, en la soledad de mi barrio particular, monté una fiesta que me dijo mucho sobre el Rubén Blades ya exitoso, fiel heredero de la clave cubana del «Bárbaro del Ritmo» Benny Moré y de la escuela boricua del «Sonero Mayor» Ismael Rivera (aquella rumba, extraña y sabrosa, íntima y colectiva, fue una crónica anunciada de la historia musical que vendría después).

La Sierra viste de luto, mataron a Juan González…
Se han secado los riachuelos, no florecen los rosales

La Sierra viste de luto, mataron a Juan González…
Tiraron al león más bravo, al hijo 'e Juana Morales

La Sierra viste de luto, mataron a Juan González…
Con él tiraron a Caco el indio, y los hermanos Belárdez

La Sierra viste de luto, mataron a Juan González…
De la sierra sale un grito, no ha muerto en vano compadre

La Sierra viste de luto, mataron a Juan González…

Ventana 2

La justicia social
(¿Y la coherencia individual?)

Barcelona-Nueva York, noviembre 2011.

—**En tus canciones se percibe una balanza entre la justicia social y la responsabilidad del individuo (***Pedro Navaja; Pablo Pueblo; Siembra; Decisiones***). ¿Llevas esta idea de balanza desde tus comienzos o surge en el camino?**

—Creo que es producto de la enseñanza de mi familia y en el barrio. Si usted trabaja y se porta bien, tiene éxito Y CONSERVA SU HONOR. La noción de honor era muy importante en mi niñez y juventud. Aprendí a no construir mi felicidad a expensas de la infelicidad ajena.

Nuestros actuales problemas no son exclusivamente creados por EL ESTADO y su corrupción, mediocridad o ineficacia; también por nosotros los «asociados», donde existe gente que no actúa cívicamente, o solidariamente pero que son considerados «ciudadanos», aunque no aporten nada positivo y por el contrario dañen a la sociedad y a su idea.

Tiene que existir integridad personal: lo que se piensa, siente, dice y hace debe ser coherente y servir a un propósito que vaya más allá del egoísmo y la ganancia personal.

—¿Por qué una canción a María Lionza? ¿Cómo la descubriste?

—La importancia de María Lionza va más allá del aspecto del mito, de la reverencia a lo sobrenatural. Cuando los españoles llegaron al nuevo continente, su propósito inmediato fue el de hacerse de toda la riqueza posible. Pero requerían la hipócrita necesidad de justificar su acto rapaz y para eso inventaron que su acción contra los indios obedecía al paganismo que demostraban. Esa razón los llevó a sustentar el genocidio practicado contra los indígenas. Leían a los aborígenes en latín una conminación a la aceptación de la virgen y al no obtener respuesta procedían a masacrarlos.

Para los caciques del área invadida por los españoles, la situación era políticamente imposible. Por un lado, la tecnología del invasor era evidentemente superior e irresistible. Por otro lado, la sumisión al invasor acarreaba inmediata pérdida de autoridad y prestigio para el cacique frente a su tribu. Y de resistir por las armas, el invasor arrasaría con todo, por sus recursos tecnológicos superiores (cañones, arcabuz, pistola, espadas, caballos, etc.). El cacique Coromoto, enfrentado con esta situación la resuelve con la aparición de una visión. En ella, una india, María Lionza, le indica a Coromoto que no se resista más a la aceptación de la virgen de los españoles. Esa virgen es ella misma, María Lionza, «sólo que los blancos me ven blanca y no como tú me ves.»

Eso facilitó a Coromoto aceptar a los blancos invasores como iguales y a explicar eso a su pueblo sin miedo a que lo condenaran como un simple colaborador, o cobarde. María Lionza, en consecuencia, crea la posibilidad para sobrevivir al invasor e incluso unirse a él, creando la mezcla humana que da origen a la raíz de la Venezuela criolla. En cuanto a cuándo la vi por vez primera, fue al pasar por la Autopista del Este, vi la estatua y pregunté quién era. De allí me puse a investigar hasta tener información suficiente como para plantear la teoría expuesta arriba.

Caracas, diciembre 1978. De diciembre en diciembre en las fiestas del barrio se marcaba el balance de los éxitos radiales del año. Y, por segundo año consecutivo, Rubén Blades y Willie Colón musicalizaban la banda sonora de las fiestas populares. El año pasado fue **Metiendo mano** y ahora **Siembra**, (el inolvidable disco que se convirtió en la producción más vendida en la historia de la salsa). Los muchachos de la esquina de la calle Zea de Coche trabajan de madrugada en el mercado, en el día cantan y bailan alrededor de una caja de cervezas. La hembra «más buena» no siempre se la lleva el «más guapo» del barrio (eso quería descubrir yo). La doña que compra lotería en la primera casa, donde también venden cerveza, lleva una semana insistiendo con el mismo número (luego me enteraría de que mi madre apostaba durante seis días el número que el destino le anunciaba en algún detalle del domingo anterior). El señor que transporta refrescos, con la exactitud y la paciencia de quien ni se atreve a sospechar que hay posibilidad de bajarse de la rueda (del destino), tiene la misma sonrisa pequeña (medio alegre, medio triste) que muestra mi padre cuando llega a casa después de la jornada de trabajo (chofer, vendedor, caminante). El muchacho que baila en el callejón ríe a carcajadas sin economizar ni un medio segundo de dicha. Desde el fondo de mi casa mi mamá me llama, «Edgar, nos vamos». Pero yo dejo pasar el tiempo entregado a un sonido que invade mi vida. *Siembra… Pedro Navaja… Buscando Guayaba… María Lionza… Ojos… Dime… Plástico…*

> *Ella era una chica plástica de esas que veo por ahí*
> *De esas que cuando se agitan sudan chanel number three*
> *Que sueñan casarse con un doctor*
> *Pues el puede mantenerlas mejor*
> *No le hablan a nadie si no es su igual*
> *A menos que sea un fulano de tal*
> *Son lindas delgadas de buen vestir*
> *De mirada esquiva y falso reír*
>
> *El era un muchacho plástico de esos que veo por ahí*
> *Con la peinilla en la mano y cara de yo no fui*
> *De los que por tema en conversación*
> *discuten que marca de carro es mejor*
> *De los que prefieren el no comer*
> *Por las apariencias que hay que tener*
> *Pa' andar elegantes y así poder una chica plástica recoger*
>
> *Que fallo…*

Ventana 3
En clave de amor

Barcelona, noviembre 2011. El contenido temático de la obra de Rubén Blades se basa en la vida desde el punto de vista existencial y en la ubicación del ser en el entramado social. Sin embargo, en varias de sus canciones ha dibujado con maestría el amor de pareja (sea en clave de alegría o en clave de despecho). Rubén ha sido muy cuidadoso de su vida personal. En su momento, cuando *Paula C.* se convirtió en uno de esos temas importantes que ha escrito en clave de amor, se dijo mucho sobre la mujer que inspiró la pieza. Sobre la mesa, entre los papeles de la carpeta de mi Proyecto, tengo la página de un diario en la cual aparece reseñada una declaración de Blades sobre el tema: «*Paula C.* no es un personaje ficticio, es un personaje real. Fue mi primera experiencia adulta, amorosa, que vivimos juntos en Nueva York durante mucho tiempo…Paula (Campbell) me ayudó muchísimo a desarrollarme como persona y también tuvo una buena influencia en términos espirituales sobre mí». En el año 2009 la revista *Gatopardo* realizó un reportaje titulado *Las vueltas de Rubén Blades*. En mi archivo de papeles importantes guardo ese reportaje con mucho cuidado, lo firmó Sandra Lafuente; las fotos fueron aportadas por cortesía de Gabriel Osorio, de Maestravida.com y de Luba Mason, la esposa de Rubén. El trabajo aporta datos importantes

33

sobre la vida profesional del artista panameño y el caso de la historia de Paula C.

Consiguió un trabajo en el servicio de correos de la Fania Records en Manhattan. Llevaba la correspondencia, cargaba instrumentos, pero seguía componiendo. Pronto los músicos firmados con este sello comenzaron a grabar canciones de su autoría. Richie Rey, Bobby Cruz, Ismael Miranda (que fue uno de los primeros en reconocer sus letras), Roberto Roena, Tito Puente, Ray Barretto.

Cada vez que tenía oportunidad iba al estudio de grabación a ver si le dejaban hacer los coros. El empleo en el correo de la Fania terminó abriéndole las puertas de la popularidad.

«Rubén es un soñador. Escribía canciones todo el tiempo sobre la gente que veía a su alrededor en nuestro vecindario y sobre personajes que inventaba. Me tocaba cada nueva canción en su guitarra. Era muy curioso sobre la gente y sus vidas y nunca olvidaba las historias que le contaban. Yo, literalmente, vi a Rubén pasar de rodar un carrito lleno de cartas por las calles de Nueva York a convertirse en una celebridad internacional», escribe Paula C., su ex novia.

Se conocieron cuando ella trabajaba en Liberty House, una cooperativa de manualidades organizada por activistas de los derechos civiles. Un día vino él a la tienda porque había oído hablar de ella. Y ella de él. Él tenía 27 años y ella 31.

No tardaron en mudarse juntos.

Paula C., una bostoniana de ascendencia irlandesa, tiene ahora 65 años y habita todavía el apartamento de la Calle 82 del West Side de Manhattan donde vivió con él, donde ha vivido durante 40 años. Trabaja para una compañía especializada en medios y tecnología, confecciona los trajes de Halloween de los hijos de su sobrina, viaja de vez en cuando.

… Su testimonio tiene el mismo tono misterioso de esa inicial de su nombre. Es prolija en sus respuestas, sí, pero no puedo palpar de ella más que lo que está en las fotos de esa época junto a Blades (cabello abundante y marrón, rasgos finos, ojos grandes), y ese archivo de Word con sus respuestas. Las envió por medio de Alison Weinstock, también de Boston, una muy acuciosa investigadora de la trayectoria de Rubén Blades. Weinstock, que conoció a Blades en el cine antes que en los discos, ha puesto todo lo que sabe sobre su vida pública (TO-DO) en su sitio web maestravida.com. También un testimonio de Paula C., quien luego le dio a Weinstock algún material para la memorabilia que está en la Loeb Music Library de la Universidad de Harvard, un archivo que ella creó, junto con José Massó, y que ahora coordina.

Un día, en 1978, Paula C., y Rubén tuvieron una de esas peleas casi definitivas, y ella lo echó de la casa. Él metió su ropa en tres bolsas de basura y se fue al apartamento de su amigo venezolano César Miguel Rondón, escritor, locutor y salsófilo, que entonces vivía también en Manhattan. Se quedó allí durante dos meses, como le cuenta Rondón a Leonardo Padrón en el libro de entrevistas **Los imposibles**.

La vida tiene sus situaciones particulares (lo que en las novelas de Paul Auster serían las claves del azar). En el año 2009, con motivo del regreso de Blades a los escenarios, luego de su paso por la política frente al Ministerio de Turismo del gobierno de Martín Torrijos en Panamá, escribí para el diario **El Comercio** (Asturias, España) una crónica titulada *La literatura de Rubén Blades*. Poco después, envié la crónica a los archivos que en la Universidad de Harvard se llevan de la obra de Blades. Como respuesta recibí el siguiente correo:

Estimado Sr. Borges,
¡Muchas gracias! Por favor, perdona mi español torpe. Yo puedo leer, pero sólo hablo un poco.
Me llamo Alison (de maestravida.com). Trabajo con la Universidad de Harvard para construir los Archivos de RB. Gracias por esta crónica excelente. Yo también, tengo un gran respeto por la obra literaria de Rubén Blades.
Saludos,
Alison

Para entonces no relacioné que Alison era Alison Weinstock, la persona que, ese mismo año, le aportó a la revista **Gatopardo** información sobre Paula C. Sin embargo, no acudiré a ella ni al propio Rubén para obtener más detalles. Lo que se tenía que saber sobre Paula C., en relación a Blades, ya se sabe.

Barcelona-Nueva York, noviembre 2011.

—(*Dime; Paula C.; Creo en ti; Ella se esconde*). ¿Tus temas en clave de amor nacen de vivencias o de observaciones?

—Ambas. No soy dado al exhibicionismo. Soy de carácter extremadamente privado, una contradicción cuando se atiende que elegí tres carreras que son totalmente públicas, (servidor publico, músico y actor). Mis asuntos personales los manejo privadamente. Siempre ha sido así. A veces hablo de mis experiencias, (*Paula C, Sin tu Cariño, Creo en Ti, Ella se esconde, Ella, Ligia Elena*), en otras ocasiones las canciones son producto de la observación general sobre la dinámica amorosa urbana.

Caracas, barrio de **Coche**, abril 1978. Desde la ventana de un pequeño edificio, un niño de 12 años descubre que de la calle Zea viene bajando Rosa, la niña que alimenta sus ilusiones sin que ella lo sepa (Rosa apenas lo conoce como un vecino más de los muchos que habitan la zona). El niño toma un cuaderno de la mesa y sale de su casa, lleva prisa, en ese cuaderno acaba de terminar su primera novela. Para la época suena mucho la canción *Paula C.* que Rubén Blades grabó para la producción **Louie Ramírez y sus amigos**. Era normal que un muchacho admirador de todo tema que cantara Blades interiorizara como suya la hermosa experiencia adulta que encierra *Paula C. (Paula C. hoy la distancia nuevamente entre los dos/ Es la que anima y me inspira por ti, esta canción/ A la que entregó su amor a Paula C./ A la que entregó su amor*

37

a Paula C.). Para el hombre que recuerda puede ser normal que de niño musicalizara su ilusión con un tema éxito del momento (*Paula C.* o *Sin tu Cariño*); incluso, en su etapa de adulto a veces toma como suya la temática de alguna pieza alborotadora de sentimientos (*Silencios, Creo en ti, Ella se esconde*). O acaso, ¿qué adulto, en la intimidad de su locura, no se ha atrevido a sentirse protagonista de la historia de una canción? ¿Quién no ha pensado que una determinada letra pareciera haber sido inspirada única y exclusivamente en su situación amorosa? El hombre que recuerda ríe a carcajadas. El motivo de su burla no radica en recordar la pose de protagonista de aquel muchacho que con cuaderno en mano y banda sonora (*Paula C.*) en la cabeza seguía la ruta de su pretendido romance. Su risa estalla al recordar que el título de la novela que pretendía entregarle a la muchacha, como obsequio de consumación amorosa, llevaba por título *El cielo y el infierno* (una ingenua alegoría que marcó el comienzo y el final de su intento de romance).

Ventana 4
Nosotros (La familia)

Puerto Rico. Mayo 1979. Revista *Ahora*. *La «salsa» es un folklore internacional a nivel urbano, el cual refleja el sentir de Hispanoamérica en busca de su unificación. Esta reafirma los valores de cada pueblo. Se busca con esto llevar un mensaje, crear temas variados que presenten una realidad y romper con el patrón «escapista» de los temas que se han popularizado hasta ahora. El latinoamericano tiene que unirse porque Hispanoamérica es la esperanza del mundo...Europa no tiene los recursos naturales que tenemos acá. Allá está todo planificado. Sin embargo, Hispanoamérica es un continente joven. Yo le tengo una fe tremenda para el futuro, además, la idiosincrasia del latinoamericano es optimista.* Rubén Blades.

Caracas, septiembre 1979.

Mi hermano José Roberto llega a la casa con sus amigos Hernán y Alejandro, el doble de Héctor Lavoe (siempre lleva gafas, sonríe y baila al estilo Lavoe). Los tres comentan una revista que mi hermano trae entre las manos. Me llama la atención que la imagen de la portada es una fotografía de Rubén Blades con una guitarra entre las manos. Los recién llegados no hablan precisamente del reportaje sobre Blades;

en su lugar destacan la segunda foto de la portada que la revista le dedica a un político venezolano de nombre Douglas Bravo. Alejandro dice que Bravo es el gran líder guerrillero de la historia contemporánea de Venezuela. En la portada de la revista, cuyo nombre es *Ahora*, puedo leer el título del reportaje. Rubén Blades: «Si no existiera la muerte, la vida sería algo…tan normal como un aguacero». (Después del saludo rápido que los adultos les dan a los niños, continúo viendo por la ventana. O esta vez simulo que veo. En realidad lo que me planteo es robarles en un descuido, a esos tres, la dichosa revista que cuenta historias de salseros y de revolucionarios).

Barcelona-Nueva York, noviembre 2011.

—Tus canciones articulan un entramado urbano (*El cazanguero; María Lionza; Te están buscando; El padre Antonio y el monaguillo Andrés*). En toda esa variedad, que va de lo social a lo sentimental, se observan las habitaciones de una misma familia: la raza humana (*Maestra Vida; Amor y Control*). ¿Concibes las canciones como piezas dispersas de un todo?

—Todo el trabajo ha sido UN TODO. Estoy en proceso ahora de reunir en una secuencia todo lo escrito, desde 1967. No todo ha sido publicado pero en todos los álbumes de música escritos he ido trazando una historia. *Maestra Vida* resulta una sinopsis que planteo como un punto de unión entre todas esas historias. Entendí que no podría escribir la historia completa porque no tenía experiencias que me permitieran honestamente reflexionar y redactar canciones o músicas con sentido y propiedad. Así fui escribiendo música y letras a lo largo de los años, en la medida en que fui comprendiendo a mi ciudad y a sus habitantes, incluso después del exilio político en 1974 que me llevó a otra tierra, con otro idioma y otra realidad. Pero incluso allí el argumento urbano resultaba el mismo, aunque mas violento y descarnado. El amor, el odio, la esperanza, la virtud, el pecado y la redención, todo lo heredado de la religión Católica, sumado a lo aprendido en el ámbito de la praxis social y de la crianza familiar, (casa y barrios) y de la escuela. Todo está conectado en mi trabajo. Un mismo continente (HISPANIA), con ciudades (v.gr. SALSIPUEDES), y áreas urbanas específicas, (SOLAR DE LOS ABURRIDOS).

Caracas, septiembre 1979. Mi hermano y sus dos amigos salen a comprar cervezas y dejan la revista sobre la mesa. Mi mamá se dispone a servir la comida para la familia y para los invitados. Antes de que tire la revista al rincón de los periódicos viejos, le pido que me la dé para guardársela a mi hermano. Ella me complace y sigue en lo suyo. Yo, con los ojos más abiertos que cuando «descubro cosas» por la ventana, abro la revista, paso frenéticamente sus páginas y me detengo en el reportaje que firma la periodista Tamara Herrera:

La dificultad de entrevistar a Rubén Blades a estas alturas significaba lograr algo diferente a una presentación de alguien ya presentado o, en el otro extremo, a un desplazamiento a al-

*guien ya emplazado. De cualquier manera, quisimos que Rubén
confesara por sí mismo cuál ha sido su ruta, cuáles sus desvíos,
su identidad.*

*Satisfechas o no nuestras aspiraciones, descubrimos algo
mucho más importante que lograr que Rubén confiese su identidad y permita que se le clasifique y ubique en el estante de los
«cantantes-mensaje».*

*El problema estuvo en que Rubén detesta que «etiqueten» las
cosas, a lo que se sumó su fuerza incontenible de narrador. Así
que Rubén se hizo la entrevista solo, dejando que la seguidilla
de imágenes se transformara en frases, y se delató como soñador.
El soñador que hace de lo cotidiano un cuento, de lo diario lo
perpetuo y de la leyenda lo terrenal.*

Mientras mi mamá va y viene con los platos y el jugo
del día, mi mirada se debate entre la puerta (por si llegan los
dueños de la revista) y el reportaje. Salto líneas y descubro
situaciones (también me pregunto qué estará pasando al otro
lado de la ventana):

*A otros cantantes, posiblemente no se les ocurra decir un
pregón, por ejemplo, como: «Votando en las elecciones pa' después
comerse un clavo». Esa imagen a otro cantante no le viene, porque no la ha visto o porque si la vio se le olvidó, no le interesa; o
si no, dice: «Pablo Pueblo, vaya, va pa' la rumba a gozá!». Hay
ciertas imágenes de «Pablo Pueblo», que mucha gente todavía no
se las ha llevado, se las llevarán con el tiempo. Cuando «Pablo
Pueblo» llega al patio «escucha un trueno en el cielo: tiempo
de lluvia avisando». El trueno es una figura que representa el
cambio, aparte de que es una figura que también se da: cuando*

suena un trueno es que va a llover; la parte de esa connotación, actúa también como una metáfora: el trueno es el cambio, el trueno no es el que quiebra el silencio del momento, el trueno es también su rabia, el trueno es posiblemente la rabia de otra gente, algo va a pasar, va a llover.

Mi mamá me dice que vaya a buscar a los muchachos porque la comida ya está servida y comer sopa de pollo fría hace daño al estómago. Yo le respondo que en un minuto iré. Oigo pasos, dejo la revista sobre un mueble. Los pasos, en lugar de acercarse a nuestro piso, suben las escaleras. Mi papá sale del fondo de la casa y le pregunta a mi mamá por aquellos pasos (hay angustia en la prisa, los pasos, algo anuncian esos pasos). Yo aprovecho la confusión y retomo la revista y mi reportaje (ya no sé si la memoria se encapricha para ubicar los hechos según las canciones, o simplemente la vida ocurre siempre, haya o no haya una canción que la interprete).

Ahora quiero hablarte de algo: mi próximo trabajo, «Vida Maestra». Va a causar un impacto grande. A mí me han dicho: Rubén, tienes que hacer algo mejor sobre esto que has hecho, y yo digo que no, que están equivocados. Esto ya pasó. Y ahora no voy a hacer una canción que se llama «Juan Hojilla», tampoco voy a hacer una que se llame «Mármol», o «Plástico Part Two»: lo que se tenía que decir ahí, ya se dijo. No es cuestión de crear el impacto a llover sobre lo mojado, sino hacer otras cosas. «Vida Maestra» sigue, destacando momentos vitales, la trayectoria de dos personas, un hombre y una mujer...

Siguen los pasos. Mis padres comentan que son muchos (quizá demasiados) los pasos. Van a tumbar las escaleras, dice mi hermana María Angélica que acaba de llegar.

*…esta secuencia verdaderamente es mucho más compacta que el LP **Siembra**, en cuanto a la unión de ideas y de escenas, una detrás de la otra. Entonces, se divide en dos partes: Lado A y Lado B. El lado A explora el pedazo optimista, dentro de lo real también, y en el Lado B aparece la parte, no pesimista, sino triste, de la vida, en la cual estos personajes que presento en el Lado A, ya son viejos. Cómo reaccionan, qué piensan, cómo a través de la edad y los años queda la mente y se va la chispa, se elimina, y es deprimente. Pero ésa no es mi intención: se presenta la figura ésta, para que todo el mundo comprenda que la vejez no es un delito, sino que es una consecuencia natural, y dentro del amor egoísta que sentimos nosotros por la vida, se necesita la muerte para que ese amor exista. Si no existiera la muerte, no habría este aprecio a la vida, la vida sería algo…tan normal como un aguacero. Es por la muerte que nosotros queremos a la vida. La muerte es, en mi opinión, lo único que le hace mella al egoísmo humano…*

En aquella entrevista Rubén Blades se refería a lo que pocos meses después se conocería como la ópera salsa **Maestra Vida**. En aquel momento, el niño de la ventana descubría desde el dolor ajeno la llamada de la muerte. No más pasos, sólo los gritos desesperados de una hija. Recuerdo que de inmediato mis padres salieron corriendo de la casa rumbo al lugar de los hechos. Creo que todos los vecinos se enteraron primero que nosotros de que aquel mediodía había muerto el vecino del piso de arriba.

Caracas, 1980. Recuerdo que el lanzamiento de la ópera salsa *Maestra Vida*, primera y segunda parte, abrió un nuevo espacio en mi entendimiento de la rutina. Fue como si en aquellas canciones, Rubén Blades, con el acompañamiento musical de Willie Colón, contara diversos aspectos de la vida que, hasta entonces, el niño sólo conocía por referencias ajenas. Aún no se le había muerto familia ni amigo cercano. Por vez primera canciones de salsa narraban historias que se debatían entre el amor y la muerte (la muerte, qué cosa más extraña es para un niño formado en la cultura del miedo oír cantar en clave de salsa asuntos que vinculan el camino del amor con el de la muerte). Ya el niño era buen lector de Dickens, Kafka, García Márquez y Cortázar. Mas, sin embargo, la ópera salsa *Maestra Vida* le abrió la puerta al tema de la muerte primero que los libros. Al escuchar aquellas canciones temió que la vida de las personas que cada día seguía desde la ventana fuese, tanto como la de él y la de su familia, la trama macabra de un círculo vicioso (…el destino, la repetición una trampa, la rueda). Y pensó en su madre. (*Manuela, después…La Doña*).

> *Ya pasada de setenta*
> *y encorvada por los años,*
> *camina, la doña.*
> *Lleva rumbo de la iglesia,*
> *cuelga en su mano el rosario*
> *y en los labios, la plegaria*
> *que repite día a día:*
> *«Ayúdame Ña María en estos últimos años!»*
> *El ayer, atrás quedó*
> *y el sueño aquél en la piel se le arrugó,*
> *y va pasando Manuela,*

y hoy, cuán doloroso es su andar
su amiga la madrugada
la acompaña en su penar.

Pasa, vestida de negro.
Yo la contemplo en silencio
y pienso en las cosas que aún espero.
Y al escuchar su plegaria,
por dentro sentí algo extraño.

«Ayúdame Ña María en estos últimos años!»
(Coro: Ayúdame Ña María en estos últimos años!)

Caracas, octubre 1982. A los 16 años, sentado al lado del chofer de un carro fúnebre, pude sentir de manera directa lo que desde el dolor ajeno me anunciaron aquellos gritos del piso de arriba. Mi padre había muerto de un cáncer de colon; todo era dolor y confusión en la familia. Yo, debatiéndome entre parecerme a los adultos hasta en el sufrimiento o seguir siendo el niño que exorcizaba hasta la tragedia, no pude evitar sentirme culpable por llevar en la mente la banda sonora de mi situación.

(Maestra Vida)
A tu escuela llegué sin entender por qué llegaba
en tus salones encuentro mil caminos y encrucijadas
y aprendo mucho y no aprendo nada

Maestra vida camará'a, te da, te quita, te quita y te da
Maestra vida camará'a, te da, te quita, te quita y te da

Paso por días de sol, luz y de aguaceros,
Paso por noches de tinieblas y de lunas,
Paso afirmando, paso negando, paso con dudas
Entre risas y amarguras, buscando el por qué y el cuándo.

Maestra vida camará'a, te da, te quita, te quita y te da
Maestra vida camará'a, te da, te quita, te quita y te da
Maestra vida, de justicias e injusticias
De bondades y malicias aun no alcanzo a comprenderte
Maestra vida que ese culpo no perdona
Voy buscando entre tus horas el espejo de los tiempos
Para ver tus sentimientos y así comprender tus cosas.
Y vi espinas y vi rosas,
Vi morir seres queridos vi bellezas fui testigo
De maldades y de guerras
Vi lo bueno de la tierra
Y vi el hambre y la miseria y entre el drama y la comedia
avancé entre agua y fuego
En dios me acuerdo primero
Solo en trance de morirme
O a veces cuando estoy triste más nunca si estoy contento
No dura agradecimiento
Pa' aquel que nos da la mano
tan pronto nos sale el clavo
Se olvida to'o el sufrimiento.
Y tengo amigos, conocidos y enemigos,
amores que me han querido
Y rostros que niegan verme
Me encontré frente a la muerte
y en sus ojos vi el sentido
y con el miedo conmigo
Así yo aprendí a quererte.
Y hoy sé que nada es seguro
Ya que todo es pasajero
La muerte es el mensajero que con la última hora viene
Y el tiempo no se detiene,
Ni por amor, ni dinero,
La muerte es el mensajero que con la última hora viene
Y el tiempo no se detiene,
Ni por amor, ni dinero.
Maestra vida, me voy persiguiendo al tiempo
A ver si encuentro respuestas, antes de la hora en
que yo muera

49

Aunque me estoy resignando a esta fatal realidad.

Maestra vida camará'a, te da, te quita, te quita y te da
Maestra vida camará'a, te da, te quita, te quita y te da
Maestra vida camará'a, te da, te quita, te quita y te da
Maestra vida camará'a, te da, te quita, te quita y te da
Te da, te quita, te quita y te da
Te da, te quita, te quita y te da
Te da, te quita, te quita y te da
Te da, te quita, te quita y te da

Maestra vida camará'a,
pero te da, te quita, te quita y te da
Oye, cuando tú menos lo esperas
Va la sorpresa camará'a
Y el tiempo, mira no se detiene
Ni por amor, ni por dinero,
La muerte, compa, la muerte es el mensajero,
Que con la última hora viene
Cuando se murió Carmelo
Sentí un dolor tan profundo
Que no hallo nada en el mundo
Con que poder consolarme.

Te da, te quita, te quita y te da

Nueva York, 1983. *Focila, Folclore de Ciudad Latinoa-*
mericana, nace con Maestra Vida, probablemente lo más an-
ticomercial que se haya hecho jamás en el mundo de la salsa.
En el disco se trata el tema de la muerte, un tema tabú hasta
el momento; la obra comienza con una obertura de corte clá-
sico y durante su desarrollo se escuchan palabras obscenas que
causaron prohibiciones. En Venezuela recogieron el disco pues
en una parte decía «marica». En Puerto Rico también hubo

revuelo... Es que no se podía aceptar que en un género musical hecho especialmente para alegrar a la gente, se hablara de cosas deprimentes. Pero es que en un campo musical donde el 99% canta cosas como «vení mama vamo' a bailá», alguien tenía que mostrar el otro lado de la moneda. Yo quise explorar dentro de la dinámica y de la realidad de la urbe otro tipo de historias, por ejemplo la de los viejos que se quedan solos en su casa esperando a los hijos que nunca llegan y que terminan muriéndose en silencio. Hay otra serie de imágenes dentro del trabajo que tiende a que la gente piense también en otras cosas. Rubén Blades.

Por aquel tiempo (no recuerdo exactamente el año), me acerqué a Alejandro, el doble de Héctor Lavoe, y le interrumpí su eterno quitar y poner discos para repetirle la misma pregunta que años antes le había hecho: ¿Quién es Rubén Blades? Y la respuesta de Alejandro fue radicalmente diferente a la de aquel entonces: «¿Rubén Blades? Mi hermanito, Rubén Blades es lo máximo. Antes él me gustaba, pues le había cantado a cosas que me tocaban de cerca, la idea de unidad latinoamericana de Simón Bolívar, la calle, la brega, la jeva, la injusticia, y le entregó al gran Héctor Lavoe ese tema inmortal (**El cantante**): *Yo, soy el cantante/ que hoy han venido a escuchar/ lo mejor del repertorio/ a ustedes voy a brindar/;* pero ahora, con esto de **Maestra Vida**, de Manuela, Carmelo y Ramiro, me ha tocado las fibras hermanito, Rubén contó la historia de mis viejos mi pana. ¿Me comprendes? Lo mío, mi historia. ¿Qué más te puedo decir? ¡Rubén Blades es lo máximo...!» (*Y canto a la vida/de risas y penas/ de momentos malos/ y de cosas buenas. / Vinieron a divertirse/ y pagaron en la puerta/ no hay tiempo para tristeza/ vamos cantante comienza./*).

Ventana 5
Calle inspiración

Barcelona, noviembre 2011. Para la documentación del libro es mucho el material impreso que tengo seleccionado en la carpeta Proyecto Rubén Blades; es demasiado lo que circula en internet. Recordar la pasión que Alejandro sentía por la canción ***El cantante,*** me hizo pensar en el Rubén Blades compositor e intérprete de otros. ***Número 6*** (*Apúrate maquinista que hace tiempo estoy esperando el numero 6./ El numero 6,/ el numero 6…/*) con Bobby Rodríguez y La Compañía; ***Las esquinas son*** (*Las esquinas son, son, son/ iguales en todos lados…/*) con Ismael Miranda; ***Cipriano Armenteros*** (*Y tiembla la tierra, ¡se escapó Armenteros*!) también con Ismael Miranda y ***Para ser rumbero*** (*Para ser rumbero tienes que amar a la gente/ y tener el alma tan clara cual sol de oriente/ Tú tienes que ser sincero/ y entonces serás rumbero…/*) con Roberto Roena y su Apollo Sound, son algunos de los temas del creador panameño que diversos artistas han convertido en clásicos de la música popular. Sin embargo, el talento de Rubén Blades no ha impedido que él cante piezas de otros importantes compositores. ***Ojos*** (*Hay ojos de miles miradas,/ cristales que observan/ al mundo pasar,/ ojos que encuentran fortuna/ mirando a la luna/ y a su resplandor…/*) y ***Lluvia de tu cielo*** (*Era un bohío tras un cafetal muy triste y sombrío/ Nadie la siembra puede cultivar se ha secado el río./ Se escucha el* *lamento/ de un hombre rogando/ a los elementos./ Ay, si la lluvia quisiera caer/ la cosecha se puede salvar./ Si la lluvia quisiera caer/ tendremos sustento...*/) de Johnny Ortiz; **Sigo pa' lante** (*Estoy tan lejos de lo que quiero ser/ pero me alegro de poder comprender/ los contratiempos de mi camino.../ Sigo pa' lante/ por mi tierra y mis hijos...*/) y **Vuelvo a cantar** (*La canción de todos.../ Yo quiero cantar...*/) de José Nogueras; **Plantación Adentro** (*Camilo Manrique falleció/ por golpes que daba el mayoral/ y fue sepultado sin llorar ¡Ja!/ una cruz de palo y nada más...*/) y **Vale más un Guaguancó** (*Es cuestión de analizar/ mi querido compañero/ si vale más/ un guaguancó/ o ponerse a sollozar por un amor que te dejó...*/), entre otros aportes que le entregara el siempre presente Tite Curet Alonso.

Catalino (Tite) Curet Alonso (**Pueblo de Guayama, Puerto Rico**, 1926-2003): *El mensaje de las canciones de Rubén Blades tiene vida; es la vida misma. La vida del campesino, la realidad del trabajador que está en las plantaciones o en la ciudad; la vida de un político; la vida de un matón; la vida de una ramera. La vida tiene muchas circunstancias, Rubén se fija en los detalles, los adorna y los cuenta. Rubén le sirve al pueblo los detalles de la vida de una manera muy bonita y musical. Yo diría que los mensajes de Rubén son audiovisuales. En eso él es un maestro y el pueblo se ha dado cuenta de la clase de persona y artista que es, de su talento como escritor y cantante. Eso para mi es Rubén Blades, y en lo personal somos grandes amigos.*

Hay recuerdos alegres, hay recuerdos dolorosos y hay recuerdos insólitos. Hoy, cuando pienso en un hecho que me ocurrió en febrero de 1980, comprendo que existe una clase de recuerdo de sensación triple. Aquel mes no acababa de abrir la primera página de *El libro de la salsa*, de César Miguel Rondón, que mi hermana Magaly me había regalado, cuando el siempre inesperado amigo Papachín se apareció en la casa (como que venía siguiendo a mi hermana) y me pidió prestado el obsequio. Mi primera respuesta fue un no rotundo; sin embargo, apenas el amigo me dijo que «en la vida los amigos siempre se debían favores y que para no estar en mal con los amigos, y con los favores, no era sano negarle nada a un amigo», se lo presté. A partir de entonces pasó un tiempo en que no volví a ver a Papachín. Y tuve que leer el libro de la biblioteca pública de Coche, unas veces en mi habitación y otras en su sala de lectura. (Y confieso que en ese ir y venir estuve tentado a robarme el bendito libro. Pero me detuvo «ese algo» de mamá y papá que activa la dignidad justo en los momentos cuando la debilidad aprieta).

En la primera parte de los años 80 del siglo XX, Rubén Blades y Willie Colón terminaron de reinventar el concepto de salsa urbana que iniciaron en la década anterior con producciones como *Metiendo Mano* y *Siembra*. Si en 1980 *Maestra Vida* elevó la salsa a la dimensión de los grandes musicales dramáticos del mundo, un año más tarde, aún con la atención centrada en las dos partes de aquella ópera de la cotidianidad, la pareja lanza su obra más callejera y bailable: *Canciones del Solar de los Aburridos.*

Cuida'o en el barrio
Cuida'o en la acera
Cuida'o en la calle

Cuida'o donde quiera
Que te andan buscando
Por tu mala maña. De irte sin pagar
Por tu mala maña. De irte sin pagar.

Caracas, 1981. Imposible olvidar la primera vez que escuché esa canción en la radio. A los 15 años mi admiración por todo cuanto grabara Rubén Blades venía en aumento. Aún me encontraba habitando el mundo de **Maestra Vida**, no era sencillo salir tan pronto de ese universo descubierto en dos producciones. Y de pronto escucho en la radio aquella canción...

Yo te lo dije canallón
Te iba a salir cara
Todo el mundo ya sabe tu historia
Todo el barrio sabe la verdad.
Que jugaste un dinero y perdiste
y te fuiste sin antes pagar.

El locutor (no sé si fue Rafael Rivas o Héctor Castillo) anunció el título del tema y del álbum: *Te están buscando* de **Canciones del Solar de los Aburridos**. El muchacho tenía que apartarse de la ventana y salir a comprar el nuevo disco. Pero no tenía dinero, lo había gastado todo en los comics y las revistas de la semana (papá, mamá, alguna hermana, algún hermano). Nadie le daría dinero para un nuevo gusto inesperado.

Cuida'o en el barrio
Cuida'o en la acera
Cuida'o en la calle
Cuida'o donde quiera
Que te andan buscando

Pero salió, corriendo como siempre, callejón abajo rumbo a la quincalla **La esperanza** (nombre, que desde el recuerdo, parece una trampa de la ficción). Ese era el lugar donde puntualmente compraba las publicaciones de la semana y de vez en cuando algún disco que le impactara. Y entre temeroso (por la falta de dinero) y emocionado (por la noticia) le preguntó al vendedor si tenía el famoso disco. («Sí, me llegó apenas ayer»... Eh, disculpe, ¿usted me lo puede fiar hasta la próxima semana?... «Claro Edgar, sin ningún problema, llévate el disco y después me lo pagas»...).

(Coro) *Por tu mala maña. De irte sin pagar*
Por tu mala maña. De irte sin pagar
Por tu mala maña. De irte sin pagar

Y, con permiso del dueño del negocio, se fue. A la semana siguiente regresó para pagar aquel disco con el que tanto gozó canciones como *Tiburón, Madame Kalalú, El telefonito, Y deja, Ligia Elena, De qué* y la que acompañó muchas de las peleas callejeras que contempló desde la ventana: *Te están buscando...*

Has viola'o las reglas del dominó
que dicen que el mirón es de palo
Chico malo y ahora
Hoy te van a castigar.
Es que te anda buscando
Un carro de antena larga
Lleno e' gente, lente oscuro
Los de la seguridad.
Te andan buscando unos tipos
Que cuando eran niños su mamá no los quería
su papá tampoco y ahora que son adultos viven repartiendo bofetá'

Y recuerda que, años después, Papachín aún no le ha devuelto *El libro de la salsa* de César Miguel Rondón. Seguramente nunca se lo devolverá. El libro fue tomado como pago por algún favor recibido.

Barcelona-Nueva York, noviembre 2011.

—En la música afrolatina, una vez que concluye la introducción y comienzan las improvisaciones alternando con los coros, el vocalista se suelta (*Para ser rumbero; Madame Kalalú*) liberando una serie de energías (y posibilidades) que el bailador (u oyente) convierte en imágenes. En plena acción de las improvisaciones, ¿visualizas imágenes que, como pequeñas películas, representen ese vínculo que se establece entre público, tema y cantante?
—Eso de las imágenes, etc., eso se hace ANTES...

(**Caracas**. El muchacho que corre y descubre... La ley del barrio tiene algunas particularidades distintas a la ley del resto de la ciudad. Tanto en la solidaridad como en la desconfianza se manejan códigos secretamente humanos. Muchos no quieren salir del barrio para no ser devorados por la ley de la ciudad. Otros, en cambio, salen dispuestos a desafiar, por necesidad, una ley que presumen implacable... Ahí, arrodillado en una esquina de la ciudad, pide limosnas el viejo de barba que tarde a tarde sube, cada vez más encorvado, las escaleras de la calle Zea. Un poco más allá, el vigilante que se cree policía recorre la calle de sur a este... La mujer que camina altiva sin reconocer de día a sus vecinos de noche… El hombre que grita a los cuatro vientos que ojalá *nos* invadiera Estados Unidos es el mismo que, hace poco, golpeaba las puertas del vecindario pidiendo ayuda porque lo perseguían los bravos de una pandilla contraria. Y en la entrada de un café del centro, como si todos los caminos condujeran al mismo punto de encuentro, le sonríe Alexis, el hermano de Antonio que se ha hecho un buen amigo a partir de los cuentos de su abuela supuestamente sorda… ¿Quién pudiera ser eternamente un guerrero juvenil para custodiar la hermandad del barrio?)

—…Cuando usted improvisa no piensa, reacciona ante algo que ya conoce y lo presenta instantáneamente.

Tiburón qué buscas en la orilla tiburón
Que buscas en la arena
Tiburón qué buscas en la orilla tiburón
Lo tuyo es mar afuera
Tiburón qué buscas en la orilla Tiburón
Eh Tiburón el canto de sirena
Tiburón qué buscas en la orilla Tiburón
Serpiente marinera
Tiburón qué buscas en la orilla Tiburón
Hay tu nunca te llenas
Tiburón qué buscas en la orilla Tiburón
Cuidao con la ballena
Tiburón qué buscas en la orilla Tiburón
Respeta mi bandera

(Las sonrisas que veía, desde la ventana, no las encontraba en la avenida. El semáforo, otra vez el semáforo. El conductor que se cree dueño del mundo; la madre que no sabe cómo hacer para distribuir cinco minutos entre llevar los niños al colegio o tomar el bus que la deja en el trabajo. Y descubre que muchos de los extraños que luchan en la calle son vecinos en el barrio. Y el semáforo, otra vez el maldito semáforo en rojo... Alguien le contó, como una de esas anécdotas que un viejo amigo le cuenta a alguien que se ha ido del barrio, que Otto, el niño de la furia, se había metido a delincuente.)

—¿Son imágenes distintas a las que se originan a la hora de crear los temas?

—Si es una improvisación al instante, por supuesto, será distinta a la original usada en el disco, o grabación.

Palo pa' que aprenda que aquí si hay honor
Pa' que vea que en el caribe no se duerme el camarón
Si lo ven que viene palo al tiburón
Vamo' a darle duro sin vacilación
Si lo ven que viene palo al Tiburón
En la unión está la fuerza y nuestra salvación
Si lo ven que viene palo al Tiburón
Que bonita bandera que bonita bandera
Si lo ven que viene palo al Tiburón
Si lo tuyo es mar afuera que buscas aquí so ladrón
Si lo ven que viene palo al Tiburón
Hay que dar la cara y darla con valor
Si lo ven que viene palo al Tiburón
Pa' que no se coma a nuestra hermana El Salvador

¡Guapea Colon..!

(El muchacho corre como si con la velocidad de la carrera pudiera destrozar un pensamiento: Otto, el niño de la furia,

se inició como delincuente asesinando, de dos puñaladas, a
Alejandro, el doble de Héctor Lavoe.)

Vamo' a darle duro sin vacilación
En la unión está la fuerza y nuestra salvación
Si lo ven que viene palo al Tiburón
Pónganle un letrero que diga en esta playa solo se habla español
Si lo ven que viene palo al Tiburón

(Y de tanto correr el muchacho llega a lo que parece el
final de la avenida. Después de ahí la autopista, otros espacios, otros mundos; otras avenidas. Sabe que tiene que dar
el salto, su salto…)

No se duerman mis hermanos pongan atención
Si lo ven que viene palo al Tiburón
Palo palo pa palo pa' que aprenda que aquí si hay honor
Si lo ven que viene palo al Tiburón
Pa' que vea que en el caribe no se duerme el camarón
Si lo ven que viene palo al Tiburón
Pa' que no se coma a nuestra hermana El Salvador
Si lo ven que viene palo al Tiburón
Y luego a trabajar en la reconstrucción

(…Y lo da.)

Ventana 6
La patria. El mundo

Caracas, 1982. Un conocido locutor de radio anuncia el lanzamiento del último disco de Willie Colón y Rubén Blades. La histórica pareja se separa. La despedida se titula *The last fight* (*La última pelea*). De la carrera el muchacho pasa al trote y en poco tiempo del trote al paso lento, como quien cree que ya se encuentra a salvo. (Suspiro profundo y mirada de reojo). La avenida. (Qué lejos estaba entonces de sospechar que una avenida, como una calle, es en mayor o menor grado una réplica de todas las avenidas, y calles, del mundo. Una avenida, o calle, la suma de muchos intentos (y a veces la resta). Él también era un poco los otros. (Y qué poco lo sabía). El viejo encorvado (otra vez en la esquina el viejo encorvado) tenía una mirada de niño similar a la que él iba perdiendo. Vida, pasión y tiempo había de sobra para chasquear los dedos siguiendo el ritmo de la canción que se oía en la radio de la carreta de chicha andina.

Para ser rumbero tú tienes que haber llorado
Para ser rumbero tú tienes que haber vivido
Tú tienes que haber soñado…
Y haber reído…

Para ser rumbero tienes que sentir por dentro.
Emociones dulces que agiten tu sentimiento

Si no naciste con clave… entonces no eres rumbero
Podrás cantar con sentido podrás tener buena voz
Pero ser rumbero nunca si te falta corazón

Para ser rumbero tienes que amar a la gente
Y tener el alma tan clara cual sol de oriente
Tú tienes que ser sincero…
Y entonces serás rumbero…

Y de nuevo Rubén Blades. En cualquier esquina se escucha alguna canción de Rubén Blades…

Coro
Si quieres ser rumbero…
Ay tú tienes, tienes que haber llorado
Coro
Oye… que tú tienes que haber vivido.
Coro
Tienes, tienes, tienes que haber soñado.
Coro.
Si quieres ser rumbero tienes primero que haber reído.
Coro
Tienes que amar a la esquina.
Coro
Y entender a la avenida…

Para ser rumbero, tema de Rubén Blades que hace algún tiempo había sido grabado por Roberto Roena y su Apollo Sound, y que en 1983 el panameño grabó e incluyó en el álbum **El que la hace la paga**, una de las tres producciones que, por razones de litigio, tuvo que dejarle al sello Fania. Las otras dos fueron **Mucho Mejor**, lanzada en 1984, y **Doble Filo** en 1987. Sobre esas tres entregas Blades dejó su testimonio, años más tarde, en un Foro de su página web.

*Antes de aceptar el fin contractual de mi relación con Fania, esa compañía me exigió que le entregase tres discos. Alegaban que como yo tenía un contrato como solista con ellos, por haber grabado con Willie Colón había incumplido con mi obligación de entregarles un disco por año, durante el período de vigencia de mi contrato con Fania. Para dar por terminada mi asociación con Fania tenía entonces que entregarles tres discos. Por eso, un año antes de salir, me reuní con varios arreglistas de New York y comisioné tres discos, uno de los cuales terminó siendo titulado arbitrariamente por la Fania, **Mucho Mejor**. En realidad, lo que hice fue regrabar temas míos, que habían sido grabados por otros, o grabar temas originales de otros compositores. Dada la pésima calidad de nuestra relación con Fania, no iba a entregarle a esa compañía temas originales, para no tener más que ver con ella. Aún así, hicieron lo que les dio la gana con lo que entregué.*

A pesar de haber utilizado en las tres grabaciones solo vibráfono y sax, la Fania borró esos instrumentos y regrabó todo el material sustituyéndolos por trombones; adicionalmente, destruyeron las secuencias originales de los tres álbumes, cambiaron los títulos que había presentado para cada álbum, eliminaron el crédito que había otorgado a los músicos, compositores y arreglistas de los tres discos, TODO sin mi autorización. Ni me consultaron. En breve; desbarataron mi trabajo, mezclando incluso las canciones, intercambiándolas de un álbum a otro, sin ton ni son, sin entender ni respetar el concepto que animó a cada una de las tres producciones.

Me quedó solo el consuelo de que al final cumplí con mi supuesta obligación contractual y pude por fin salir de la Fania.

Recuerdo la cara de Masucci y de Víctor Gallo cuando entré a sus oficinas y les entregué, de una vez y en compañía de mi abogado, los tres álbumes que demandaban, con el arte, secuencia, créditos, todos listos... Eso fue lo que ocurrió y esa es su génesis.

En 1983, mientras circulaba la primera de esas tres producciones (**El que la hace la paga**), seguían siendo éxitos musicales varios temas del disco *The last fight*, que significó la banda sonora de una película del mismo título. *Yo puedo vivir del amor* y *What Happened* sonaban en la radio y en la memoria de quien lamentaba el fin de la pareja más importante de la salsa de los años 80. Ese mismo año sale una producción que por su especial naturaleza merece una geografía aparte.

Entre Amigos, 1983. Rafael Ithier, Luis Perico Ortíz, Rubén Blades, Roberto Lugo y Conjunto Quisqueya se unen para realizar un álbum cargado de talento y brillo. De las producciones que han contado con la participación de diversos artistas, ésta es quizá la más importante de la década de los 80. *Entre Amigos, Sigo Pa' Lante, Todos para Uno, A mi Amigo, Homenaje a Rafael Ithier, Vuelvo a Cantar* y *«Perico» y los Soneros* representan los siete temas que integran una obra maestra que sabe a calle. El compositor boricua José Nogueras le entregó a Blades *Sigo Pa' Lante* y *Vuelvo a Cantar*, las dos piezas inolvidables que interpreta como solista. Es mucho y diverso el aporte que a la música urbana le deja este disco, no obstante, en un rápido recorrido a la memoria le llegan dos: el magistral tono de los coros y la poderosa pareja musical que puntualmente significaron Luis Perico Ortiz y Rubén Blades (*Vuelvo a cantarle a la vida porque*

siento su amor./ Vuelvo a cantar porque hay fuerza en mi cora-
zón./ Tengo esperanza aunque a veces me falta la calma./ Pues
me brinda la vida sus riquezas a mi alma./ Vuelvo a cantarle
a la vida que brinda su pan./ Vuelvo a cantar porque el fruto
no se hace esperar./ Vivo feliz de habitar esta parte del mundo/
entre hermosos colores de un país tropical./ Voy pregonando por
el mundo:/ Coro: Las cosas buenas de la vida./ Sigo cantando sin
cesar:/ Coro: Por la felicidad./ Que tiene raíces muy profundas./
Doy gracias a la vida por darme tanto amor…/ Vuelvo a can-
tar porque pienso que hay cosas dormidas/ y una canción entre
todos pudiera lograr/ que despertara del sueño la fe colectiva./
Voy regando semillas/ con cada canción./ En lo que el tiempo
decida su próximo paso/ dejo un abrazo fraterno y marcho a mi
hogar./ Y sigo andando sin miedo/ al dolor y al fracaso./ Mañana
en la calle/ volveré a cantar…/ Coro: La canción de todos…/
Yo quiero cantar…/).

El muchacho, en su andar (pretendidamente seguro) recuerda cuando leyó detenidamente (sin la prisa de los amigos
que van y vienen) información sobre Rubén Blades. Fue en
su habitación, entre su colección de libros y los comics de la
semana, dejó todo a un lado y se centró en las páginas que
El libro de la salsa le dedicaba al poeta panameño:

El golpe definitivo lo dio Blades cuando logró grabar, con
todas las pertinencias del caso, su vieja música de crónica social.
*El hecho ocurrió en 1977 con el disco **Metiendo mano**… Este*
disco habría de marcar la referencia más importante para toda
la salsa que, desde el boom, empezó a señalar los senderos que se
seguirían en el futuro inmediato…

Afuera la madre, como siempre, llamaba para algo (hora de alguna comida o quizá tiempo de saludar a alguna visita). ¿Qué situación diferente estaría ocurriendo más allá de la ventana? (La ventana. Qué lejos estaba aquel niño de imaginar que de observador pasaría a ser un participante de hechos acontecidos desde la perspectiva de otra ventana). ¿Dónde estará ahora mismo Papachín y mi *libro de la salsa*...?

...no fueron pocos los críticos que empezaron a hablar de «la salsa desvirtuada, convertida ahora en protesta»...No se entendía que la música popular, en tanto mero reflejo de una circunstancia social y cultural que le da origen y aliento, no hace más que cantar el cúmulo de situaciones que caracterizan esa misma circunstancia. Y este criterio, con toda la claridad del caso, fue ratificado por el propio Blades en una entrevista que le hice para el diario El Nacional de Caracas (Cuerpo E, domingo 13 de mayo, 1979):

«...Ahí están los compositores de siempre, fíjate, ellos le compusieron al amor, pero también a la política, a lo social y es que es así, ¿me entiendes? Uno no puede separarse del mundo que uno vive, de la realidad que lo rodea a uno. Si yo hago música que llaman popular, pues entonces no me queda más remedio que tocar y trabajar los temas que le tocan al pueblo y, tú lo sabes bien, el pueblo, la gente, sabe de la bachata y el amor, pero también sabe de lo otro, y sabe mucho».

(El niño) oído sordo tras la puerta de su habitación. (El muchacho) a paso lento por una avenida de Caracas. (El hombre) revisando apuntes dispersos en la mesa de un apartamento en Barcelona (España...Venezuela... la memoria).

Una vez Alejandro le contó que el vínculo entre Puerto Rico, los boricuas y Rubén Blades era «un asunto entre madre y hermanos». Ismael Rivera hizo de padre en Nueva York al recibir en su casa al Rubén indocumentado; Tite Curet Alonso se convirtió en su hermano y Cheo Feliciano, ya desde Panamá, en su maestro.

...Para 1979, ya sin duda de por medio, Rubén Blades logró convertirse en el personaje más importante de la salsa que cerró la década. Y ello lo logró con Siembra, el segundo disco con la orquesta de Willie Colón.

El niño, en claro desafío al llamado de la madre (comida o visita tendría que esperar), a falta de una radio cercana, enciende la banda sonora de su imaginación. Y sigue leyendo el libro de César Miguel Rondón.

*...El cantante (en **Plástico**) hace alusión a los otros latinoamericanos a «la gente de carne y hueso que no se vendió». El coro tan sólo repite la primera parte de la frase, «se ven las caras, se ven las caras ... «, mientras Rubén va llamando a la unidad, «a esa raza unida como Bolívar soñó», para terminar luego en suerte de reunión majestuosa y salsosa de toda la América Latina: «Panamá, presente,/ Venezuela, presente,/ Cuba, presente, / República Dominicana, presente...»; y así hasta al final cuando Blades hace alusión a la otra presencia: «la esquina, los estudiantes, el barrio...»*

Hay en el paseo una sensación de desafío sereno. No se trata de la rabia desatada que te lleva calle abajo (y con piedras en las manos) tras la vorágine del mundo. Se trata de un recorrido tuyo, interno, contemplativo, descubridor de tu propia mirada. El paseo te rebela del ritmo de los otros y hace que te enfrentes a tu pulso (a tu fuego, a tu laberinto), a la huella que dejas detrás de tus pasos.

...El resto del disco, haciendo honor a esa definición popular a la que ya el propio Blades había aludido, se repartió entre temas de amor (Buscando guayaba y Dime), otras afirmaciones en la misma onda social (Ojos, de Johnny Ortiz, el único tema no compuesto por Blades), Siembra, y el retrato de dos seres sobradamente importantes en la cultura popular: María Lionza, personaje de perfil religioso profundamente arraigado en la tradición venezolana, y Pedro Navaja, la descripción salsosa del clásico malandro de esquina, personaje temible, causa y efecto de drogas, asaltos y cuchillos. Inspirándose en La ópera de tres centavos, de Bertol Brecht, y asumiendo la prolongación del mítico Mack the Knive.

El niño que leía un libro jamás se hubiera imaginado que muchos años después, desde su perspectiva de hombre, él mismo se observaría.

Pedro Navaja se convirtió en un éxito de impresionantes proporciones. En todo El Caribe, muy especialmente en Venezuela, el tema obligó a las más diversas especulaciones, a conjeturas de todo tipo, mientras la música saturaba en las emisoras de radio y el personaje era parodiado en la televisión y en improvisadas obras de teatro que, aprovechando la fama desatada, también gozaron la fortuna comercial...

Y que en su condición de investigador no se conformaría con leer los testimonios que Rubén Blades le diera a César Miguel Rondón en el año 1979, sino que en 2011 él mismo compartiría diálogo con Rubén Blades para construir un libro de apuntes y de recorridos. (El final de aquella avenida sólo era el comienzo de otra avenida).

Barcelona-Nueva York, noviembre 2011.

—Si bien en tu obra se observan ciclos relacionados con lo vital, también se aprecian ciclos geográficos. América Latina tiene toda una historia muy importante en tu repertorio (*Pueblo, Tiburón; Buscando América; Adán García*), pero también el mundo en su generalidad ocupa un espacio universal en tus contenidos (*Muévete* —la versión que hiciste del tema de los Van Van—; *El cilindro; Encrucijada; Hipocresía; Estampas*). En los inicios del autor, ¿ya concebías a la América Latina como parte de un todo que también había que representar en canciones o esa visión surge después?

—No del todo. Estaba claro, desde que aprendí a leer a los 5 o 6 años, que había un mundo completamente distinto, más allá de la Calle 13, o de San Felipe. El horizonte me quedaba a una cuadra del lugar donde vivíamos, en dos cuartos, cuatro personas. Pero Latino América como tal no era algo que a esa edad me fuera obvio.

En la medida en que voy entendiendo el argumento socio-político local, las realidades económicas y políticas internacionales y quién soy como persona y como Panameño,

75

comienzo entonces a plantear una observación inclusiva del resto de los países de habla española y a visualizar que compartimos los mismos problemas, las mismas preguntas y las mismas aspiraciones y, que por lo tanto, podemos también compartir las mismas respuestas.

—¿Cuál es el puente universal que consideras puede cruzar cualquier ciudadano del mundo en la temática de tus canciones?

—No es necesario un puente porque no existe separación. La frontera es algo artificial, creado por la política, la economía, el odio, el racismo, la anti-solidaridad. La tierra no sabe, ni le interesa saber dónde comienza Costa Rica o dónde termina Panamá, o cualquier otro país.

La música es un argumento espiritual cuyo inicio y/o efecto no entendemos aún. Lo cierto es que el mundo entero reacciona visceralmente ante la música, incluso si no entendemos la letra por no conocer el idioma. Es algo genéticamente transmitido, en mi opinión. Eso permite que la música sea un vehiculo internacional, en cuya entraña ciudadanos del mundo se encuentran y se multiplican en los sonidos que escuchan, sin división o fronteras, sin distinciones raciales o geográficas, uniendo a los seres de la Creación en un solo espíritu que representa la razón del Universo mismo.

Buscando América, 1984. Para el muchacho que coleccionaba la música de Rubén Blades, *Buscando América* representó la producción del rompimiento, del salto de un espacio (la salsa) a otro (el sonido urbano). Tanto la temática como la música de las canciones marcarían un más allá en la obra de Blades. En otro lugar quedaba la leyenda del sello Fania. Nacía la historia de Seis del Solar (Oscar Hernández, Ralph Irizarry, Mike Viñas, Eddie Montalvo, Luis Rivera y Ricardo Marrero). Si con el sonido de Willie Colón las letras de Rubén Blades se convierten en la crónica del caribe urbano, con Seis del Solar representan la crónica del mundo urbano. 1984, el año de *Buscando América*, producción grabada en Nueva York para el Elektra, sello estadounidense dedicado al rock. Una fusión de salsa, rock, jazz, reggae y jazz latino fue la base de siete canciones universales que cambiaron la historia de la música popular afrolatina. Temas que cuentan asuntos individuales que siempre terminan tropezando con los intereses colectivos. La esperanza y la responsabilidad sostienen la trama de esta obra maestra. *Decisiones* (*…Decisiones, / cada día/ alguien pierde,/ alguien gana./ ¡Ave María!/ Decisiones,/ todo cuesta./ Salgan y hagan sus apuestas,/ ¡ciudadanía!…/*); *GDBD* (*Despiertas./ No has podido dormir muy bien…/*); *Desapariciones* (*Que alguien me diga si ha visto a mi esposo…/*); *Todos Vuelven* (*…Bajo el árbol solitario del pasado,/ cuántas veces nos ponemos a soñar / todos vuelven por la ruta del recuerdo,/ sólo el tiempo del amor no vuelve más…*); *Caminos Verdes* (*Voy llegando a la frontera…/ Pa´ salvarme en Venezuela…/*); *El Padre Antonio y el Monaguillo Andrés* (*…Y nunca se supo el criminal quien fue/ del Padre Antonio y su monaguillo Andrés../.*) y *Buscando América*…

> *Te estoy buscando América.*
> *Te estoy llamando América.*
> *Ohhh, ohhh!*

> *Y a nosotros nos toca, hoy, ponerte en libertad.*

Para el hombre que se asoma a la ventana del piso que ocupa en Barcelona (un punto en el extranjero), y piensa en Caracas (su punto de partida), las canciones de **Buscando América** son a su vez ventanas que comunican con espacios de su vida. Seis letras de Rubén Blades y una del compositor peruano César Miró, *Todos Vuelven*, le sirven para armar, además de una parte de su libro, una ruta importante de la geografía de su existencia…

El aire, que trae en sus manos
la flor del pasado, su aroma de ayer,
nos dice muy quedo al oído
su canto aprendido del atardecer;
nos dice, con voz misteriosa
de nardo y de rosa, de luna y de miel,
que es santo el amor de la tierra,
y que triste es la ausencia que deja el ayer.
que es santo el amor de la tierra,
y que triste es la ausencia que deja el ayer…

Coro: Todos Vuelven…

Por lo eterno del Caribe

Todos Vuelven…

Cuando el sol baja cansado

Todos Vuelven…

El recuerdo vive libre

Todos Vuelven…

Mariposa del pasado

Todos Vuelven…

Cuando el alma se estremece

Todos Vuelven…

Con las voces del ayer

Todos Vuelven…

Con la memoria de un amigo

Todos Vuelven…

Un perfume de mujer…

Escenas, 1985. Si ***Buscando América*** representó el salto de la crónica caribeña a la crónica mundial, *Escenas* fue el paso hacia la temática existencial. En lo musical, Rubén Blades y los Seis del Solar cambiaron el vibráfono (de la producción anterior) por el sintetizador y a la percusión le sumaron la batería; mientras, en el concepto, integraron de forma magistral lo social con lo espiritual. A partir de ***Buscando América*** Rubén Blades no detendría su necesidad de explorar nuevos mundos creativos; con ***Escenas,*** también grabado para el sello Elektra, libera distintos puntos de vista sobre los dilemas existenciales del ser humano contemporáneo. ***Muévete*** (*Del Caribe a Soweto en África/ va nuestra canción como un saludo,/ para los que defienden su derecho a libertad/ y usan la razón como su escudo./ No hay bala que mate a la verdad/ cuando la defiende la razón./ Reunámonos todos para acabar con la maldad/; muévete y pon todo el corazón…/*); **Silencios**

(Están tomándose un café,/ sentados sin saber por qué;/ sin tema para conversar,/ no saben ni dónde mirar./ Se quieren pero no hay amor/; se odian sin que haya rencor;/ se buscan y huyen a la vez,/ entre el silencio que hay después...); **Caína** (*...Tú crees que la tienes controlada,/ pero tú sin ella eres nada./ No se puede querer a la Caína./ No se puede creer en la Caína...*); **Sorpresas** (*...De pronto un ladrón salpicado en neón/ salió como un tigre desde el callejón/ y le puso al borracho un Magnum frente a la cara,/ y le dijo: «Entrégalo todo o se dispara»...*); **Canción del final del Mundo** (*Prepárense ciudadanos,/ se acabó lo que se daba,/ a darse el último trago./ No se me pueden quejar,/ el «show» fue bueno y barato;/ ante el dolor el buen humor es esencial,/ saca a tu pareja y ponte a bailar/ la canción del final del mundo...*); **Tierra dura, Etiopía** (*Tierra dura,/ ella y yo,/ no perdona,/ ni ella o yo./ Caminé entre un silencio sepulcral,/ sobre tierra sin frontera, sin final./ Desnudo, con mi piel mojada de sudor;/ mi sombra iba tan cansada como yo./ Tierra dura,/ ella y yo,/ no se rinde/ ni ella ni yo...*) y **Cuentas del Alma** (*Siempre en la noche mi mamá/ buscaba el sueño frente a la televisión,/ y me pedía que por favor, no la apagara;/ su soledad en aquel cuarto no aguantaba,/ aunque jamás lo confesó...*).

Crossover Dreams, 1985. Ese mismo año también se publica *Crossover Dreams*, la banda sonora que el sello Elektra lanza de la película del mismo nombre protagonizada por Rubén Blades. *Crossover Dreams* presenta un recorrido por los sueños de un cantante (Rudy Veloz) que pretende conquistar el mundo de la música en Nueva York. El álbum *Crossover Dreams* le deja a la memoria la magistral participación de virtuosos instrumentistas de la talla de Tito Puente y Alfredo «Chocolate» Armenteros, entre otros, y la inolvidable interpretación que Virgilio Martí y Rubén Blades hacen a dúo (primero a capella y luego con orquesta) del tema *Todos Vuelven* de César Miró (Y otra vez, desde la otra ventana, la de Barcelona, renace *Todos Vuelven*...).

Agua de luna, 1987. Gabriel García Márquez y Rubén Blades representaron las dos principales referencias artísticas para el niño que pretendía descubrir el mundo desde una ventana. Pero el caso de ese niño (mi caso) no fue exclusivo, el colombiano y el panameño influyeron en la mirada de muchos latinoamericanos durante las décadas de 1970 y 1980. Desde hace tiempo Rubén se había confesado apasionado lector de la obra del Gabo, por su parte, el creador de **Cien años de soledad** señaló (Revista **Proceso** No. 317. 29 de noviembre de 1982): «Lo digo sin ironía: nada me hubiera gustado en este mundo como haber podido escribir la historia hermosa y terrible de Pedro Navaja». Por ello, recuerdo que (ya) de adolescente recibí como noticia mundial la declaración pública de Rubén Blades sobre su intención de versionar algunos relatos del Premio Nobel de Literatura. Sin embargo, en la segunda mitad de los años 80, cuando la industria del entretenimiento devoraba progresivamente las propuestas creativas, las nuevas producciones de Blades fueron consideradas realizaciones demasiado arriesgadas para la radio y para la venta. No obstante, el joven de la ventana (y de las carreras de la avenida), que ya se había asumido felizmente parte de una minoría, consideró la aparición de

Agua de luna un viaje de ocho canciones por el universo de Macondo desde la perspectiva original de Blades: la apertura de una nueva puerta. La música popular también es literatura. ***Agua de luna*** (*Yo sólo sé que cuando hay vida todo se puede/ y que si uno usa lo que tiene comprenderá/ que se puede dar sentido a lo absurdo/ haciendo que sea éste mundo/ la razón de nuestro llegar...*/); **La Cita** (*Los días son iguales,/ la gente es la que cambia,/ si al fin y al cabo el tiempo sólo es una invención...*/); **Laura Farina** (*Faltando menos de un año para morirse,/ Onésimo se encontró al amor de su vida./ Después de vivir robándole a gente triste,/ tocó a la puerta de su alma Laura Farina...*/); **Claro Oscuro** (*Entre un claro oscuro/, entre vida y muerte,/ un olor a rosas llega desde el mar.../ Coro: Un olor a rosas llega desde el mar...*/); **Ojos de Perro Azul** (*Ojos de perro azul,/ mirando cínicamente a la ciudad,/ sonriendo crípticamente a la humanidad,/ juzgando elípticamente a la sociedad...*/); **Blackaman** (*Blackamán y Calibán,/ usando su magia para rescatar/ el honor/ que manchó/ la baba de una codicia sin igual./ Mirando al mundo/ en technicolor/, con un libreto de su invención/ filma la escena/ un director/ que habla un idioma/ que no sé yo./ Los que eran dueños/ no lo son ya/, se han vuelto sombras/ de América...*/); **No te duermas** (*No te duermas,/ ¡cuánta amargura!/ No te duermas,/ sonambuleando./ No te duermas,/ no tengas miedo./ No te duermas,/ que están llamando./ En el letargo de la locura muere el recuerdo./ No existen fechas,/ no existen horas,/ sólo momento...*/) e **Isabel** (*...A hierba mojada,/ a tierra encantada,/ hoy huele a nostalgia el jardín./ Cien años resbalan,/ misterios que no tienen fin.../ Coro: Cae agua de luna en Macondo,/ limpia un pecado inmortal...*/).

Nothing But the Truth, 1988. Rubén Blades considera que llega la hora de contar su crónica urbana en inglés y en tempo de rock. Su relación con el sello Elektra se consolida con la realización de *Buscando América, Escenas* y *Agua de luna*, tres producciones de culto. En *Nothing But the Truth* Blades cuenta con la participación de Sting, Lou Reed y Elvis Costello. Fue la primera colaboración, a nivel de letras de enfoque urbano, entre creadores del rock y de la salsa. «A la vez fascinante y frustrante, *Nothing but the truth* es la vida real del sueño americano vista por Rubén Blades», reseña la revista *Rolling Stones* en un artículo en el cual se destaca el concepto crítico del álbum. Blades explora diversos sonidos para acompañar el hilo conductor de la obra: la tristeza. *The Hit, I Can't Say, Hopes on Hold, The Miranda Syndrome, Letters to the Vatican, Calm Before the Storm, In Salvador, The Letter, Chameleons, Ollie's Doo-Wop y Shamed into Love*, son once temas que, además de un homenaje a Carmen Miranda, cuentan las mismas inquietudes globales que Blades ha venido expresando desde sus inicios: la incomunicación, la banalización de las emociones, la vida y la muerte en el barrio, el valor como puerta hacia la solución de los problemas, la responsabilidad del individuo y la violencia (*No one can protect your life in Salvador, Nadie puede proteger tu vida en Salvador...*).

Antecedente, 1988. Y de regreso a los trombones (como quien del laberinto de la avenida regresa a la calle de la infancia, y de la búsqueda existencial a la problemática social), Rubén Blades amplia el concepto de su agrupación. «Papo»

Vásquez y Leopoldo Pineda se encargan de los instrumentos de viento; Marc Quiñones asume el bongó, la campana y el güiro, mientras Tito Allen y Néstor Sánchez lideran los coros. Seis del Solar se convierte en Son del Solar. *Antecedente*, también grabado para el sello Elektra, representa, quizá como ningún otro, el álbum que integra los intereses literarios y musicales de los dos Blades. El del sonido calle (salsa, trombón, ciudad) y el del sonido existencial (el individuo, el otro, el todo). La calle, ese punto donde se cruzan esperanzas y decepciones, se convierte, una vez más, en el punto de observación de Rubén Blades. Y la mirada le alcanza para ver (anotar y cantar) la vida que se esconde en los callejones, el cemento que sostiene el entramado social y el latido de la selva. Nueve canciones que son como nueve capítulos de una historia común a todos. *Juana Mayo* (…Juana Mayo, donde anónimos señores,/ sacan a pasear dolores,/ a un jardín de soledad…/); *Noches del Ayer* (…aunque estoy por otras tierras ya pronto vuelvo,/ allá por la 5 de mayo los voy a ver,/ rodeado de aromas a pueblo y con luz de estrellas,/ caminando por mi barrio recordaré…/); *'Tas Caliente* (…'Tas caliente canallón…/ 'Tas caliente canallón…/); *Nuestro Adiós* (Nuestro adiós, aunque fue necesario,/ me ha robado la paz que tenía…/); *La Marea* (Tu amor como la marea a su hora llega y a su hora se va,/ mi amor como un barco queda atrapao en la arena de la soledad…/); *Nacer de Ti* (… Vengo del tiempo tuyo y del tiempo mío,/ de los que llegaron,/ del que no se fue…/ Nacer de Ti, ser la tierra y el que se queda,/ Nacer de Ti…/); *Contrabando* (Camino verde conozco tu verdad,/ el que no busca se muere sin encontrar…/); *Plaza Herrera* (*Coro: Barrio que fue cuna de mi alma inmortal…/ Calle que fue mi esquina siempre será…/*); y *Patria*:

Hace algún tiempo me preguntaba un chiquillo
Por el significado de la palabra patria
Me sorprendió con su pregunta
y con el alma en la garganta le dije así:

Flor de barrio, hermanito
Patria, son tantas cosas bellas
Como aquel viejo árbol
del que nos habla aquel poema
Como el cariño que aun guardas
después de muerta abuela

Patria son tantas cosas bellas
Son las paredes de un barrio
Y en su esperanza morena
Es lo que lleva en el alma
todo aquél cuando se aleja
Son los mártires que gritan
bandera, bandera, bandera...

Las canciones tienen una carga de memoria única. Pensar en una canción que haya sido importante en algún momento de nuestra vida, es un viaje directo a las distintas situaciones que determinaron aquel instante. Y en la mente de cada uno sigue sonando la canción que convierte los recuerdos en vivencias...

Plaza Herrera parquecito,
donde en las tardes cansado reposa el sol.
En tus bancas yo soñaba
mientras la luna pintaba mi esperanza azul.
Viejo barrio que me trae dulces recuerdos de una infancia que pasó
Plaza herrera te recuerdo
porque no has borrado mis huellas
Pues aun conservas aquellas cosas que un niño soñó...

Coro: Barrio que fue cuna de mi alma inmortal.
Calle que fue mi esquina siempre será…

Rubén Blades y Son del Solar… Live!, 1990. El 29 de octubre de 1989 se graba en vivo esta producción en el Lonestar Roadhouse de Nueva York; un año después Elektra lanza el disco. Rubén Blades y Son del Solar entregan un brillante recorrido por los temas de los tres álbumes que han realizado hasta entonces. De **Buscando América** con *Decisiones, El padre Antonio y el monaguillo Andrés* («En latinoamericana matan a la gente pero no matan a la idea», dijo Blades en aquel concierto*), Todos vuelven* y la propia pieza *Buscando América,* pasan a **Escenas** con *Cuentas del alma, La canción del final del mundo* y *Muévete,* para llegar a **Agua de luna** con *Ojos de perro azul.* Sin embargo, a estos ocho temas de la geografía Son del Solar le suman el clásico *Pedro Navaja,* logrando una versión que rápidamente se convierte en un nuevo éxito radial para el largo historial del matón del diente de oro. Rubén Blades, quien conversa con el público entre las canciones que integran la obra, en la introducción de *Pedro Navaja* deja un testimonio que pronto los fanáticos convierten en noticia: «…Cuando yo escribí esa canción originalmente, me dijeron que esa canción no iba a tener éxito, en la compañía cuyo nombre no voy a mencionar, ahora, me dijeron que la canción no iba a tener éxito porque era una canción muy larga. Imagínense ustedes lo que hubiera hecho esta gente, claro, no es que yo me ponga en esa categoría, pero si esta gente hubiera sido los editores de **Don Quijote** hubiera salido un pasquín. ¡Oye Cervantes, chico, quítale un poco de hojas a eso, que eso está muy grueso, la gente no va a leer eso! ¡La parte de la Dulcinea sí me la dejas ahí, a la gente le gusta eso...! ¿Sancho Panza? ¡Quita ese tipo de ahí...! ¿Quién quiere leer un gordo ahí? Quítame ese tipo. Ponme alguien que se parezca a Tony Curtis y entonces, a lo mejor, hablamos...» (*La vida te da sorpresas, sorpresas te da la vida, ay Dios.../*).

Caminando, 1991. Calle, historia individual, historia colectiva, injusticia social y mucho brillo en los arreglos y la sonoridad. Estas y muchas otras sensaciones quedan cuando se escucha esta producción que Rubén Blades y Son del Solar graban para el sello Sony. Una vez que entre finales de los 70 y comienzos de los 80 la relación musical de Rubén Blades con Willie Colón define un antes y un después en la historia de la música latinoamericana, no era fácil, para ninguno de los dos creadores, concretar con éxito un nuevo ciclo. Y Rubén no sólo lo logra, en los mismos 80, cuando presenta un nuevo concepto con Seis del Solar, asumiendo la influencia sonora del sexteto de Joe Cuba y entregando su aporte urbano tanto en lo conceptual como en lo musical, sino que en los 90 da el salto de Seis a Son del Solar para liderar un nuevo sentido sonoro de la salsa. Y es que la música que Rubén inaugura con Son del Solar en *Antecedente* y que prosigue, con mayor potencia, en *Caminando*, alcanza un brillo urbano magistral y único. Si hubiese que tomar algún modelo para definir el sonido característico de cualquier urbe del mundo, ese sería todo el ciclo marcado por Rubén Blades tanto con Seis como con Son del Solar. *Caminando* suma diez canciones al laberinto de vida y cemento. **Caminando** (*Caminando,/ se aprende en la vida./ Caminando,/ se sabe lo que es./ Caminando,/ se cura la herida,/ caminando,/ que deja el ayer./ En Puertorro y Panamá, / en Colombia o en New York,/ el que no vive, no prueba/ el sabor que da el amor./ Caminando,/ di mil tropezones,/ caminando,/ y nunca paré/, caminando,/ entre risa y dolores,/ caminando,/ pa' lante y con fe.../*); **Camaleón** (*¿Qué es lo pasa camaleón.?/ Calma la envidia que me tienes./ Aunque tu cambies de color,/ yo siempre se por donde vienes.../*); **Mientras duerme la Ciudad** (*De noche,/ la clase alta conspira,/ «jaibol» en la mano, tramando./ La clase media descansa, estropeada,/ la televisión mirando./ La clase baja sigue abajo,/ el día del cambio esperando.../*); **Ella se esconde** (*...Por ti, he perdido mi control./ Yo, que jamás sentí temor,/ me hallo pensando en lo que harás/ ahora que sabes que tú estás/ en el comando de mi amor.../ Coro: Ella se esconde tras la esquina de su sonrisa.../*); **Tengan Fe** (*Tengan fe, que esto no se acaba aquí./ Pongan fe, la razón para vivir./ El que pierde la confianza ve su vida presa por la indiferencia./ En cambio, el que no se rinde, por lo menos, ve salvada su conciencia./ Por eso digo:/ Tengan fe, que esto no se acaba aquí.../*); **Obalué** (*Suenan cristales en la madruga,/ su tono es triste y alegre, a la vez./ Con un amor que no acaba jamás,/ humilde y dulce, aparece Obalué.../*); **Prohibido Olvidar** (*Prohibido esperar respuestas./ Prohibida la voluntad./ Prohibidas las discusiones./ Prohibida la realidad./ Prohibida la libre prensa/ y prohibido el opinar./ Prohibieron la inteligencia/ con un decreto especial:/ Si tú no usas la cabeza,/ otro por ti la va a usar./ ¡Prohibido olvidar!.../*); **Cipriano Armenteros** (*Y tiembla la tierra,/ ¡se escapó Armenteros..!/*); **Él** (*El hombre tiene por dentro,/ durmiendo,* *a una mujer./ Cada vez que se emborracha,/ se despierta la muchacha/ que hay en él...*) y **Raíz de Sueños** (*Es mi Caribe raíz de sueños/ donde jamás se agota el sentimiento./ Soy de la tierra de la esperanza,/ llevo la sangre del que no reconoce dueños./ Soy fuego y luna,/ agua y memoria/ de amaneceres siempre alumbrando nuestra historia.../*).

Amor y Control, 1992. A partir de **Buscando América**, cada nueva producción de Rubén Blades se puede abordar como una obra totalizadora de los entramados de la vida. (Como la novela maestra que a lo largo de su vida pretende un autor). Si bien la ópera salsa **Maestra Vida** representó el todo de esa vida con sus respectivos ciclos, cada obra de las que años más tarde realizó con Seis del Solar, Son del Solar y Editus, parece un capítulo específico del mundo (quizá los álbumes en su conjunto integran la gran novela de Blades). Y en ese sentido **Amor y Control** (Sony Music), es un canto existencial en tributo a la madre y a la tierra. En un principio la producción estaba pensada para conmemorar los 500 años de la «conquista» de América; sin embargo, en plena gestación de la misma muere Anolan Díaz, la madre de Rubén. Anolan, actriz, pianista y vocalista nacida en Cuba, fue una de las grandes influencias para el Rubén hombre y músico. Ante la tragedia, **Amor y Control** se convirtió en una obra de tema compartido (hacia una misma dirección: la vida). 12 temas que parecen reseñar los testimonios de un hombre solitario que le canta (o grita) sus dolores al cosmos. **El Apagón** (*La electricidad, se interrumpió y, por el apagón, se suspendió/ la tortura de un subversivo que hacía un empleado* del desgobierno./ Y aquel apagón también puso fin al sonido de un baladista ruín/ cuyo disco disfrazaba los gritos de víctima y de victimario./ No más torturas. No abran el hoyo. Se fue la luz./ ¡Que viva el sub-desarrollo!.../); **West Indian Man** (... Grandaddy was a west indian man,/ y vivió y murió en Panamá./ Grandaddy was a west indian man,/ y vivió y murió en Panamá.../); **Adán García** (El último día en la vida de Adán García/ lo halló como todos otros de su pasado:/ soñando ganarse el «Gordo» en la Lotería,/ los hijos y la mujer durmiendo a su lado.../); **Naturaleza Muerta** (El último árbol del Brasil./ Fue desenterrado a los 10 meses de edad./ Único sobreviviente del Reino Vegetal./ «Comienza una nueva Era»,/ es la proclama oficial./ Los indios que lo cuidaban se fueron esa noche,/ caminando sobre el mar.../); **El Cilindro** (Encontraron el cilindro y a su casa lo llevaron con cuidado, como a una bendición./ Era Pascuas, y el cilindro su regalo, y los niños se encantaron con su aparición./ Abrieron el cilindro y se maravillaron cuando vieron dentro un mágico color,/ como una estrella, polvo de cielo,/ que alegraba su miseria con su luz./ Sobre sus cuerpos/ lo restregaron,/ y lo adoraron como si fuera Jesús.../); **Piensa en Mi** (... Cuando te falte la confianza,/ o cuando pierdas la esperanza/ que te hizo tratar,/ recuerda que eso es pasajero,/ pero mi amor es verdadero/ y no se marchará.../); **Amor y Control** (Saliendo del hospital,/ después de ver a mi mamá,/ luchando contra un cáncer/ que no se puede curar,/ vi pasar a una familia./ Al frente iba un señor de edad,/ una doña, dos muchachas/ y varias personas más.../); **Canto a la Madre** (Soy la huella de tu amor,/ mezcla de esperanza y pasión./ Fuiste el dolor que alumbró/ el nacer de mi razón./ Donde yo vaya, tú estás,/ donde tú estés, yo estaré,/ y cuando mueras también/ un poco yo moriré.../); **Canto a la**

Muerte (*No te alegres Muerte,/ hoy con tu victoria,/ pues mi madre vive/ toda en mi memoria…/*); **Baby's In Black** (*Oh, dear, oh what can I do?/ Baby's in black, and I'm feeling blue./ Oh, dear, oh what can I do?…/*); **Creo en Ti** (*No sé si volverá Maradona,/ ni si Tyson noquea su pena;/ no creo en el alma que no perdona,/ ni creo en el corazón que condena;/ pero en ti sí…/ Coro: Cariño, yo creo en ti…/*) y **Conmemorando** (*…La injusticia no termina para el indio./ Cinco siglos no han calmado su dolor…/ Positivo y negativo/ se confunden en la herencia/ del 1492./ Hoy, sin ánimo de ofensa/ hacia el que distinto piensa,/ conmemoro./ Pero sin celebración…/ Coro: Conmemorando. Quinientos años…/*). No es fácil escuchar cualquier tema de la producción **Amor y Control** y no sentirse parte de historias aparentemente «ajenas». (*Esto se acabó, vida. / La ilusión se fue, vieja,/ el tiempo es mi enemigo./ En vez de vivir con miedo,/ mejor es morir sonriendo,/ con el recuerdo vivo…/*).

Tras la Tormenta, 1995. Se concreta el esperado regreso: Willie Colón y Rubén Blades se unen de nuevo en una producción que, a pesar de que guarda distancia con respecto a los clásicos pasados, contiene el concepto urbano que por separado asumieron ambos artistas. A diferencia de las anteriores obras de la histórica pareja, en *Tras la Tormenta* los dos cantantes intervienen como líderes vocales de diversos temas, mientras que en otras piezas participan a dúo. En las décadas tanto de los 70 como de los 80, la voz de Willie Colón era característica de los coros de la banda pero en las producciones no compartía la interpretación de canciones con el líder vocal. En su conjunto, *Tras la Tormenta*, también grabado para Sony, tiene el sello narrativo de Rubén Blades. El concepto literario-musical del panameño se siente tanto en las canciones interpretadas por Willie (quien para entonces había dejado atrás la imagen de «el malo del Bronx») como en las que él interpreta. La producción está integrada por 10 temas liderados de la siguiente manera: A dúo: **Dale Paso**; **Doña Lelé** y **Tras la Tormenta** (...*Siempre aparece el sol, tras el aguacero.*/ *Siempre, tras la tormenta llega la calma.*/ *Después de los tiempos malos, llegan los buenos y premian a los que no rindieron sus almas...*/). Willie Colón: **Homenaje a Héctor Lavoe**; **Caer en Gracia** y **Talento de Televisión**. Rubén Blades: **Como un Huracán** (*Me destrozó con sus palabras.*/ *Hizo pedazos de la fe. Sólo, quedé en la telaraña*/ *de los errores del ayer.*/ *Ella huracán, y yo mentira:*/ *¡qué fórmula para perder!...*/); **Todo o Nada** (*Todo o nada soy yo, todo o nada:*/ *a ganar o a perder: ¡todo o nada!*/ *Todo o nada soy yo, todo o nada:*/ *a ganar o a perder: ¡todo o nada!..*/.); **Desahucio** (*La soga sigue partiendo por lo más fino.*/ *De más está predicar que así es el destino.*/ *Parece que no tener plata es un delito.*/ *Que vale más la injusticia que el «¡Ay, bendito!»...*/) y **Oye** (*¡Oye! Que linda suena la saloma de un montuno en el llano; es el canto inmemorial de un hermano despertando a Panamá...*/).

La Rosa de los Vientos, 1996. Rubén Blades, como quien va de regreso a casa (de lo global a lo local, de lo macro a lo micro, del cemento a la vida), crea la agrupación «Saravá» integrada por músicos panameños y graba, en estudios panameños, una producción son sabor a tierra que incluye diversos géneros musicales de Panamá como la cumbia, el son montuno, el bolero y el vallenato. Rubén Blades le presenta al mundo su esencia folklórica al lado de compositores nacionales como Osvaldo Ayala, Rómulo Castro, Roberto Cedeño, Orlando Barroso, Roberto Delgado y Horacio Valdés, entre otros. Mención aparte para la excelente adaptación que el propio Rubén hace del manuscrito Maya **Chilam Balam** (*Cuando acabe la raíz del trece Aháu Katun./ ¡Sucederá que verá el Itzá!/ Cuando llegue la señal del cielo allá en Tancah,/ ¡sucederá que verá el Itzá!/ ¡El llegará, allá en Tancah!..../*). En **La Rosa de los Vientos** (Sony Music) 16 canciones se pasean por el amor a la mujer (**Amor Mudo**; **Eres mi Canción**; **Sin Querer Queriendo**; **Todo mi Amor**; **Un Son para Ti**, interpretada por Medoro Madera, alter ego de un Blades sonero que le rinde tributo a Pete «Conde» Rodríguez; **Tu mejor Amiga**; **Tu Hastío**; **Vino Añejo**; **Ganas de Verte**; **Mi Favorita** y **Amándote**) y a la tierra (**La Rosa de los Vientos**; **Alma de tu Flor**; **Chilam Balam**; **Tarde Serena** y **En el Semáforo**). Hay en esta obra musical una sensación de belleza que sacude la memoria y la existencia...

(La Rosa de los Vientos)

Cada uno lleva encima la huella de su sueño.

¿Quién dijo que la risa de tanta alma joven tiene que emigrar?
¿o que la llamarada de los sueños nobles ya no alumbra más?
¿quién dijo que nos ganó el olvido? ¿o que nos venció el «jamás»?
¿quien dice que hay caminos imposibles de encontrar?

¿Quién dice que perdimos, si entre las angustias sigue Panamá?
¿Quién cree que no hay manera de dar a su historia un mejor final?
Sigamos respirando, también por los demás, porque la causa es buena, no me canso de tratar.

93

Eh, ahe, ay 'ombe; ahe, ahe, mi tierra, ay 'ombe!
Eh, ahe, ay 'ombe; ahe, ahe, mi Patria, ay 'ombe!

¿Quién dijo que la vida se puede apuntalar a fuerza de menti-
ras, removiendo heridas, y olvidando amar?
¿Cómo borrar distancias sin echarnos a andar?
¿Por qué asumir que el Norte está en el Sur y delirar?

Eh, ahe, ay 'ombe; ahe, ahe, mi tierra, ay 'ombe!
Eh, ahe, ay 'ombe; ahe, ahe, mi Patria, ay 'ombe!

(Coro)
Yo soy de donde nace la Rosa de los Vientos; la azota el vendaval
pero crece por dentro!
....

(Coro)

Presente

Chiriquí/ Bocas del Toro/ Veraguas/ Herrera/ Los Saltos/ Coclé/
Colón/ Darién/ Panamá/ Cuna Ayala/ Ngobe/ Emberá/ Una
sola casa/ Panamá.

Tiempos, 1999. En su tránsito creativo Rubén Blades parece caminar de lo urbano hacia lo existencial. En la obra del autor cada puerta de connotación social lleva a un espacio donde el ser se hace preguntas, como si los laberintos de la cotidianidad colectiva siempre condujeran al universo existencial del individuo (y su relación con el todo). La obra general de Blades, desde que aparece con fuerza pública hacia finales de los años 70, representa la cronología de dos tiempos (siglo XX y siglo XXI) que se cruzan entre el derrumbe y el renacimiento. Se trata de una obra que refleja un tiempo en transición. Y en la constante indagación de ritmos que permitan darle forma a su geografía literaria, Rubén Blades graba y produce el álbum *Tiempos* (Sony Music) con Editus, grupo costarricense que une sonidos del jazz con el new age, el folklore latinoamericano y la investigación académica. Esta producción se abre, como puerta de entrada al nuevo siglo, para acercarnos a la obra de un Rubén Blades que ha interpretado una época donde la esperanza ha degenerado en escepticismo. Las fiestas del solar y las andanzas por la avenida han dado paso a la confusión generalizada. Las 14 canciones incluidas en esta novela musicalizada nos llevan hacia el abismo que separa dos *Tiempos* (como si tentaran al ser a dar el gran salto del escepticismo a la concreción de los sueños). *Mar del Sur* (Instrumental de Walter Flores); *Vida* (*…Somos una baraja más/ de un juego que otro ha comenzado/, y cada cual apostará/ según la mano que ha heredado./ La vida es una puerta/ donde no te cobran por la entrada,/ y el alma es el tiquete que, al vivir,/ te rasgan cuando pagas./ Y cada paso crea una huella, y cada huella es una historia,/ y cada ayer es una estrella/ en el cielo de la memoria…/*); *Sicarios* (*…Yo, por él, no siento compasión./ Nunca en vida él hizo algo por mí./ Si es entre él y yo la selección,/ no me dolerá verlo morir…/ Hoy cambiará la vida/ Hoy cambiará tú vida./ Hoy cambiará mi vida…/*); *Aguacero* («*Norte claro y Sur oscuro;/ aguacero viene seguro»./ De puntillas, para que no duela,/ mi recuerdo trae la voz de abuela:/ «los años nos hacen libres, o prisioneros./ Un vaso medio vacío también está medio lleno./ La vida es una ventana, o un basurero,/ según el punto de vista que defina el pasajero./ Viene el agua, nos anuncia el trueno./ Parpadeando se derrama el cielo»…/*); *Viento y Madera* (Instrumental de

Fidel Gamboa); **_Tú y mi Ciudad_** (...*La noche es como un trago que bebo solo,/ en las cuatro paredes de mi ansiedad./ Lo que pensé era eterno duró muy poco:/ ¿cuándo terminará esto?/ Amor de besos ausentes, acábate de apagar./ Llegué hasta aquí por quererte:/ ¡y ahora te quiero olvidar!.../*); **Creencia** (*En algo hay que creer./ Por algo hay que vivir,/ pues sin razón de ser no hay caso./ Cuando se tiene fe,/ desde su cúspide,/ se ve más allá del fracaso./ Arena movediza, el sentimiento;/ un unicornio salpicado en sangre./ Aprendo y desaprendo al sufrimiento,/ y caigo pero vuelvo a levantarme.../*); **_Puente del Mundo_** (...*Un paraíso compraron;/ cuentas de vidrio, telas y espejos;/ fuente de juventud para un viejo imperio./ La luz dentro de tu entraña/ se transformó en camino de acero,/ y nuestra gente en sombras de la que fueron./ ¿Cuándo seremos manos, en vez de dedos?/ Con claro oscuro, con socavón,/ ¡con fiesta y duelo!/ Pedazos de corazón formaron tu suelo./ Siempre estaremos aquí, aunque estemos lejos.../*); **20 de Diciembre** (*Chorrillo ardió, como Berlín./ Un fuego intenso, que prendió hasta el zinc./ Santa Claus trajo en Navidad/ bombas pa' Avenida A./ Por estar cerca del cuartel, se quema el barrio y sus discos de Ismael, «chuma la cantera máquina holandera...»/*); **Hipocresía** (*La sociedad se desintegra./ Cada familia en pie de guerra./ La corrupción y el desgobierno/ hacen de la ciudad un infierno./ Gritos y acusaciones,/ mentiras y traiciones,/ hacen que la razón desaparezca./ Nace la indiferencia,/ se anula la conciencia,/ y no hay ideal que no se desvanezca./ Y todo el mundo jura que no entiende/ por qué sus sueños hoy se vuelven mierda./ Y me hablan del pasado en el presente,/ culpando a los demás por el problema/ de nuestra común hipocresía.../*); **_Encrucijada_** (*Frente al precipicio hay un resquicio de razón,/ que puede ayudarnos a encontrar la* *solución./ Pero es inútil, nuestra decisión,/ si el juego está arreglado/ por los dueños del balón,/ y aquí estoy, contigo,/ tratando de aclarar la situación…/*); **Ilusiones** (Instrumental de Carlos Vargas); **Día a Día** (*Día a día, me despierto creyendo oír tu voz./ Día a día, todavía, me duele nuestro adiós./ Quien no se ha equivocado no trató./ Quien nunca ha perdonado nunca amó./ Y quien jamás pecó, jamás vivió…/*) y **Tiempos** (*La vida es una huella de triunfos y fracasos,/ formada por pedazos de amor y de dolor./ El tiempo es un rosario,/ sus cuentas los recuerdos,/ jardín del sentimiento de lo que se vivió./ Hay un tiempo pa' reír, y otro tiempo pa' llorar./ Un tiempo para partir, y otro para regresar./ Hay un tiempo pa' vivir y otro para terminar./ Hay un tiempo pa' morir y otro para comenzar…/*).

Mundo, 2002. Lo que parecía complejo, luego de que en cada una de sus obras aportara un novedoso capítulo al entramado de su novela musical, Rubén Blades lo consigue en *Mundo*: Aglutinar diversos sonidos para darle variedad temática a la universalidad del ser. Con el acompañamiento musical de Editus, Blades hace un viaje por la existencia a través de los sonidos de Europa, Oriente Medio, Asia, África y América, logrando que el escucha (como acompañante) perciba que «toda vida proviene de la misma fuente». *Mundo* (Sony Music) se convierte en uno de los retos más importantes que, desde la creatividad, deja la música popular de la primera década de un nuevo siglo saturado por la fabricación en serie de productos desechables. Rubén Blades convoca a este recorrido salpicado de gaita escocesa, flamenco, aires arábigos, irlandeses, argentinos y brasileños, música africana, son y guaguancó, a virtuosos del canto y de la música como Boca Livre (Brasil); De Boca en Boca (Argentina); Luba Mason (Estados Unidos); Eric Rigler (Estados Unidos) y su alter ego Medoro Madera, entre otros instrumentistas de diversos países. *Mundo* es la memoria de la tierra contada desde la sensibilidad de un viajero que camina de cara al todo. Y en su recorrido, el observador (Rubén Blades), deja un testimonio: «La tierra no fue originalmente creada con divisiones políticas. La naturaleza ignora donde comienza o termina un país. El espíritu es universal. La vida proviene de una fuente común», para luego entregar 14 canciones que forman el lenguaje y la geografía común del hallazgo. *Estampa*, homenaje a la influencia afrocubana, al siempre presente Virgilio Martí y al legendario Eddie Palmieri (*Lleva mi entraña la emoción/ Que en otra vida alguien sintió. / Viaja en mi instinto información/ Llena de historias,/ Que hablan de mis antepasados./ El «Clan de Lara», en África/ Va del Asia a Europa y América/ Recorre un mundo en transición,/ Donde el futuro en espiral se reproduce./ La canción de la Etiopía y Mesopotamia/ De alma en alma comunica su memoria./ En la quena de los Incas oigo a Irlanda,/ Y al Irán, al escuchar gaitas de Escocia./ El planeta no le pertenece a un grupo:/ Fue creado para que todos lo andemos. / Recobremos lo que un día cada ser supo, / Dando el paso que, con fe, dio el ser primero…/*); *First Circle* (Boca Livre); *Primogenio*, canción que el autor- caminante asume como una pista que ayuda a interpretar todo la obra «Toda vida proviene de la misma fuente». Y surge la figura de Eleggua, deidad africana, como fuerza (de la esperanza) que acompaña el primer viaje, desde el África, la cuna del mundo, hacia el Asia, Europa y América (*Duermo y despierto,/ mientras sueño,/ Y cruzo el tiempo,/ Y vuelvo hasta el primer ayer./ Entre la luz del primigenio/ Me espera la memoria/ Que otro vio nacer. / Regreso a la primera huella, /Cuando la vida comenzaba, / En África. / Viaja Eleggua, / Sobre una estrella, / Y abre el camino que conduce América!.../ Coro: El camino lo abre Eleggua!.../*); **Bochinches**, composición instrumental de Walter Flores, originalmente titulada *Un Tico en el Oriente*, a la que el viajero decidió escribirle una letra en español y cantarla en un estilo flamenco para celebrar a Camarón de la Isla, a Paco de Lucia y a todos los intérpretes de la pasión gitana (*Mi madre no descansó y trabajó hasta preñada, / Por eso, donde ella fuera yo adentro la acompañaba. / Y mi abuelita decía «así nos salió la baraja! / En la casa de los pobres hasta el feto trabaja.../*); **Ella**, un alto para dejar una historia en clave de amor que cuenta el agradecimiento de un hombre que no sabe cómo corresponderle a la mujer que le entrega amor sin reservas (*Ella, que con sus besos lima / Los afilados bordes de mi angustia de vidrio. / Ella, profeta desarmada, / Que sin cobrarme nada se enfrenta a mi peligro.../*); **Parao'**, lamento que, tras leer el libro *Bury Me Standing*, de Isabel Fonseca, el cantor decide crear como una «crónica de la desesperada situación de los gitanos en Europa Oriental y de la persecución que han sufrido desde el siglo XV. Argumento por todos los que de una forma u otra han sido víctimas de la intolerancia racial, religiosa, política y cultural. Es una extensión del dicho, «mejor morir de pie que vivir de rodillas» (*Hay quien ve la luz al final de su túnel/ Y construye un nuevo túnel, pa' no ver, / Y se queda entre lo oscuro, y se consume, / Lamentando lo que nunca llegó a ser. / Yo no fui el mejor ejemplo y te lo admito, /*

Fácil es juzgar la noche al otro día; / Pero fui sincero, y éso sí lo grito, / Que yo nunca he hipotecado al alma mía! / Si yo he vivido parao, ay que me entierren parao; / Si pagué el precio que paga el que no vive arrodillao! / La vida me ha restregao, pero jamás me ha planchao. / En la buena y en la mala, voy con los dientes pelaos! / Sonriendo y de pie: siempre parao!.../); **Como Nosotros**, lo que para el hombre que anda y recuerda significa un canto de celebración por la niñez, por los vínculos, por las vivencias, por la tierra (*Cuando era niño mi barrio era un Continente, / Y cada calle era un camino a la aventura. / En cada esquina una memoria inolvidable, / En cada cuarto una esperanza, ya madura. / En nuestros viajes de ida y vuelta a los luceros / Fuimos piratas, saltimbanquis y vaqueros. / Nuestra pobreza nunca conquistó al dinero, /Pero en las casas nunca se rindió el «Yo puedo»!... /*); **El Capitán y la Sirena**, otro reposo para hablar de la complejidad (o sencillez) del amor en medio de los múltiples sonidos que atraviesan la ruta. Y desde otra realidad (la mágica) Blades le busca respuestas a lo «imposible» que pudiera parecer la relación entre dos seres de mundos distintos. La música se encarga, desde su propia diversidad (Asia, Argentina, Brasil), de apoyar el sentido de la letra (*...Una vez, un barco en plena altamar / Se hundió en una fiera tormenta. / Una bella sirena salvó al Capitán / Y lo devolvió hasta la arena. / Y el Capitán de ella se enamoró, / Y aunque también lo amó La Sirena, / Venían de mundos distintos los dos, / Y su amor les sería una condena. / Qué hacer? Qué hacer cuando el amor nos da pena? / Qué hacer? Qué hacer? / Busca tu estrella, sigue tu estrella, / Busca una estrella, sigue tu estrella!... /*); **Sebastián**, tema que escribió el buscador inspirado en una canción del cantautor Horacio Valdés, del grupo panameño de rock acústico Son Miserables. El resultado es la historia de un hombre con problemas mentales que busca a su novia (o quizá a su esperanza) en los hermosos laberintos de su imaginación (*En cada barrio hay, por lo menos, un loco. / El del nuestro se llamaba «Sebastián». / Lavaba carros y hacía de todo un poco, / Para ganarse el pan. / «Sebastian» tenía una novia imaginaria, / Y con ella discutía sin cesar. / Se ataba al cuello una capa hecha de trapos / Y corriendo por las calles lo escuchábamos gritar: / «Sebastian, si me quieres conquistar, / Sólo las estrellas bastarán; / Sólo las estrellas bastarán»... /*); **Consideración**, es la mirada que desde el bosque de los tiempos celebra la riqueza cultural de Brasil. Y el transeúnte, que de tanto andar (y sentir) se ha vuelto poeta, afirma que se trata de una versión en español de la canción del cantautor brasileño Gilberto Gil. Y confiesa su admiración por el otro (de autor a autor, Blades ante Gil) y por la música de Brasil. Y los dos, cada uno en su momento, hacen un llamado para que los jóvenes no pierdan «la curiosidad por lo que existe más allá de sus miradas» (*Imagina y verás / A la Constelación del Crucero del Sur. / No la olvides jamás, / Para que en cualquier rumbo que tomes / Esa estrella asome, / Y su luz te oriente, / Con la simple razón / De que todo merece consideración... /*); **Jiri Son Balí**, es para el equilibrista de los caminos una fuente de la que bebe sonidos: Aires de Argentina y de Senegal con De Boca en Boca; aires de mambo en agradecimiento al aporte del maestro Eddie Palmieri con su orquesta La Perfecta; la flauta de Walter Flores (virtuoso de los nuevos tiempos) y la vocalización del sonero Medoro Madera (*Admiro a la belleza, pero en voz baja: / El grito no impresiona a la Eternidad. / Las flores más bonitas son* *las del desierto, / Pues pintan de colores su soledad... /*); **Danny Boy**, famosa pieza de la música tradicional irlandesa que en la voz de Luba Mason cobra carácter libertario. El arreglo de la pieza, a cargo de Lalo Rojas, así como la música que aportan Eric Rigler con la gaita escocesa, Ricardo Ramírez con el violín y el propio Rojas con la flauta, es un tributo a la fusión de diversos ritmos del planeta (*Oh Danny boy, / The pipes, the pipes are calling, / From glen to glen, / And down the mountain side...*/); **La Ruta**, una canción que invita a mirar las huellas que otros han dejado en el camino. Y el viajero ve las cruces de las tumbas como señales de agradecimiento a quienes ya hicieron su trabajo. Una fiesta a la memoria de los caminantes que nos antecedieron desde otras geografías y culturas (*...Viajero soy y seré. / Caminos hago y haré. / Mi vista en el horizonte. / No sé donde acabaré, / Pero si mi cruz ve usted, / Siga la ruta en mi nombre! / Sigo la ruta en tu nombre!...*/) y **A San Patricio**, el aire de fiesta que Medoro Madera le deja a sus seguidores, dándose el lujo de decir que cuenta en los coros con (su alter ego) Rubén Blades (*A todos los salseros bien portados que se han quedado escuchando el disco hasta el final, aquí les va la «ñapa» / Este es Medoro Madera!.../ Coro: A San Patricio, cuidando a Irlanda y a todos!...*).

Cantares del Subdesarrollo, 2009. Rubén Blades, siempre atento a las pistas de los tiempos, asume un nuevo riesgo y da otro salto. Al final de la primera década del nuevo siglo, el desafío no es sólo conceptual y musical, también lo es en materia de medio para difundir la obra. Luego de haber participado, como Ministro de Turismo, en la vida política de

Panamá, su regreso al arte aporta dos nuevas transgresiones a los límites conceptuales. (En el plano literario y sonoro) *Cantares del Subdesarrollo* ubica la idea creativa en un plano más básico (en esencia) y callejero (en sonido). Para Rubén Blades este trabajo es una nueva mirada a *Maestra Vida*, su obra total. Personas, el solar de los aburridos, ciclos, retos, dudas e intentos que resurgen en un álbum que fue grabado en la casa de Blades en Los Ángeles, California. «Yo toqué maracas, bongó, campana, tres cubano, guitarra acústica, con cuerdas de metal y de 12 cuerdas. Grabé la voz y todos los coros. Walter Flores grabó flauta traversa, cajón peruano, percusión menor, bajo y percusión sintetizada. También hizo la edición de audio, mezcla y master. Las congas de las canciones son samples tomados de grabaciones hechas por Mark Quiñones, Oscar Cruz y Rey Cruz», enfatiza el artista. Rubén Blades dedica la propuesta al pueblo de Puerto Rico, a Ismael Rivera, a Tite Curet Alonso, a Ray Barretto y a Cuba por el amplio aporte musical que le ha brindado al mundo. (En lo que a medio se refiere) La producción *Cantares del Subdesarrollo* sólo puede ser adquirida en la página web de Rubén Blades y en otras plataformas digitales. Al respecto, el autor señala que «antes había una oportunidad para que lo no comercial pudiera existir. Ahora lo único que permite esa oportunidad es internet… Ellos (la industria) quieren ser dueños de las cosas y yo digo que no. Pero sólo los piratas están vendiendo discos; las compañías no». *Cantares del Subdesarrollo* es un barrio que a través de 10 canciones nos invita a descubrirlo. *Las calles* (*Las calles de nuestros barrios nunca toman prisioneros, / quiebran al que no resiste sea local o sea extranjero… /Nacimos de muchas madres pero aquí solo hay hermanos…/*); **País portátil** (*Se vende un país portátil/ Con su autoestima en el suelo/ Con un enorme complejo/ Que lo hace antinacional…/*); **El tartamudo** (*Por una calle que lleva el nombre de un líder histórico/ Que de noche se llena de putas histéricas de nombres bíblicos/ Se apareció un desempleado tartamudo optimista olímpico/ Sin un centavo en el bolsillo pero con una erección magnífica…/*); **El reto** (*Me retaste a que viniera y estoy aquí/ Llegué puntual a la cita no me perdí/ Después de hablar tantas cosas tu por ahí/ Dejaste al barrio plantado también a mi…/*); **Olaya**, la diosa del mar que poco antes Rubén le entregara a los Van Van (*Conozco de un sitio perfecto/ Mas nadie sabe del lugar/ Sirenas cuidan mis secretos/ Los guardan entre cielo y mar/ Refugio contra las tormentas/ Las penas de la realidad/ Solo ella puede comprenderme/ Olaya la reina del mar…/*); **Segunda mitad del noveno** (*Segunda mitad del noveno. / Hay gente en la encrucijada y hay que decidir. / Entre todos los caminos hay uno solo a elegir …/*); **Bendición** (*Virgen dame Aché/ Ay protégeme/ Danos tu bendición/ Virgen por tu amor/ Alivia el dolor/ De tanto corazón/ Líbranos del mal/ Que hay alrededor/ Fuerza celestial/ Favorécenos…/*); **Moriré** (*Mi alma es un libro abierto léelo muchacha/ Sus páginas te presento como argumento/ Te la muestro orgulloso y no tiene tacha/ Es la suma total de mis sentimientos…/*); **Símbolo** (*Símbolo, que identifica la tierra/ Lo que comenzó mi vida y que al partir me cubrirá/ Mi respeto va por dentro sin alardes/ Mi cariño agradeciendo la promesa que nos das/ Por ti surge la esperanza, el sentimiento/ La ilusión el argumento para hacerlos realidad…/*) y cierra con **Himno de los olvidados** (*Este es el canto de la gente triste/ Este es himno de los olvidados/ Es el reclamo por lo que no existe/ Es la protesta de los desesperados/ Las ilusiones*

nuestras se han perdido/ Con la maldad de los que han goberna-
do/ Con su violencia nos han sometido/ Con la violencia serán
castigados/ Lucharemos hasta ser librados…/).

Todos Vuelven Live, 2010. Rubén Blades y Seis del Solar
se unen para celebrar su 25 aniversario con presentaciones,
a casa llena, en diferentes ciudades de América (la América
Toda). De esa gira se toma como punto de grabación Puerto Rico para realizar un álbum doble. *Todos Vuelven Live*
(Ariel Rivas Music) es un memorable recorrido por la crónica
del mundo urbano creada por Blades. En dos volúmenes re-
nacen con el poderoso sonido de Seis del Solar (integrado al
formato de Son del Solar) veintidós emblemáticas canciones.
De un ciclo (Willie Colón) a otro (Seis del Solar), de la calle
a la avenida, del mundo a la existencia, Rubén Blades ofrece
en concierto los diversos capítulos de su novela musical. La
cita es una celebración a la idea de *Una sola casa* (la Madre
Tierra como espacio para todos) que se mueve en toda la
obra de Rubén.

Barcelona, diciembre 2011. Al dispersar sobre la mesa
de trabajo los papeles de la carpeta Proyecto Rubén Blades,
se me ocurre colocar a un lado las noticias que destacan al
Blades salsero. Su participación con músicos como Pete Rodríguez, Ray Barretto; Willie Colón; Louie Ramirez; Larry
Harlow; Luis Perico Ortiz; Rafael Ithier; Juan Luis Guerra;
Danilo Pérez; Bobby Valentín; Juan Formell y los Van Van;
la Spanish Harlem Orchestra; Luis Enrique y Gilberto San-

ta Rosa. Mientras, en la otra mitad de la mesa, ubico los reportajes que hablan del Blades que ha incursionado en el rock y otras expresiones urbanas compartiendo escenarios o grabaciones con Bob Dylan; Sting; Quince Jones; Mickael Jackson; Carlos Santana; Lou Reed; Elvis Costello; Los Fabulosos Cadillacs; Maná; Paul Simon; Los Lobos; Los Rabanes; Son Miserables, Calle 13 y muchas otras bandas de rock y de sonidos híbridos que en sus grabaciones introducen frases de Blades. Cuando reviso ambos grupos de reseñas, me llama la atención comprobar que las bandas de rock hayan asumido más como influencia la obra de Rubén Blades que las agrupaciones de salsa. Siempre quise preguntarle al propio Rubén su impresión sobre este asunto, pero se me adelantó el periodista peruano Agustín Pérez Aldave…

—Eres una figura fundamental de la mal llamada música salsa. Sin embargo, tu influencia es mayor entre los rockeros latinoamericanos. Parece que los rockeros han asimilado mejor que los salseros tu propuesta. ¿A qué atribuyes esta situación?

—…El rock en español es una música que está incorporando elementos muy nacionales, muy culturales. Entonces, ha pasado de ser una copia como la que hubo al principio del rock del subdesarrollo, a finales del 59 o en los 60, a empezar a desarrollar un punto de vista que está muy cercano a lo que está ocurriendo en el centro urbano. Así que yo creo que el trabajo que yo estaba haciendo durante estos años, desde el 69, tiene que ver con la posición de Latinoamérica, no sólo en función de cada país sino en términos de Latinoamérica en conjunto y

con una posición universalista y humanista de los temas. Eso ha llevado, creo, a que muchos de estos rockeros están ahora mismo refiriéndose a los textos como un punto de referencia. A la misma vez, también hay que decir que el rock en español es una música que por no haber sido considerada comercial, pudo respirar y desarrollarse. Tampoco olvidemos que el rock siempre fue un vehículo de crítica social cuando surge en los Estados Unidos y, ahora, en las condiciones de América Latina, retoma nuevamente esa posición de crítica social que hacen jóvenes que están empezando a integrarse como adultos a la sociedad. Creo que la referencia mía está completamente dentro de esos parámetros del rock en español y, por eso, no resulta extraña, rara o antipática para estos muchachos.

La obra de Rubén Blades trasciende los límites de cualquier género. De ahí que la asuman grupos que con libertad se definen a sí mismos como hacedores de música (sin apellido). Calle 13, de Puerto Rico, es, más que un grupo de un determinado estilo, una corriente que se nutre de la creación literaria de Rubén Blades. Da gusto ver la forma tan hermosamente rabiosa como René Pérez, Residente de Calle 13, se considera discípulo de Rubén Blades.

René Pérez, Residente: *La perla la escribí pensando siempre en el barrio, era un desafío. Después, grabar ese tema con Rubén Blades fue un logro importantísimo. Siempre fuimos seguidores de Blades, que es un maestro para nosotros desde pequeños, con su música, sus letras y su actividad social… La canción* **Latinoamérica** *la escribí inspirado en la obra de Rubén*

107

Blades… Empecé a escribirle a América Latina buscando hacer un tema con la energía de **Buscando América.**

Muévete. Una geografía. Las palabras de Residente me hicieron pensar en la belleza que se percibe en la relación musical entre Rubén Blades y los Van Van de Cuba. Ese vínculo se inició en el año 1985, cuando en *Escenas* Rubén versionó el tema *Muévete* de Juan Formell, el director de la banda. En 2009 se concreta el intercambio lírico cuando los cubanos graban, en su producción *Arrasando*, la pieza inédita *Olaya* original del panameño. La anécdota del primer encuentro presencial entre Van Van y Blades, la contó Rubén en el carnaval de Panamá en 2007 delante de Juan Formell y los Van Van, minutos antes de que compartieran concierto. Digna anécdota que comienza en las palabras de Rubén Blades, que expresan amor por la universalidad del ser (así por la Cuba de su madre y de la música), y renace en la respuesta de Juan Formell bañada de humildad y sentimiento. *Muévete*, una geografía sin fronteras.

Rubén Blades: *Yo lo conocí en 1985. Teníamos una gira en España y el promotor español nos hizo la pregunta: «Señor Blades, ¿usted tendría algún problema si viaja con ustedes un grupo cubano?» Y digo: No, ¿por qué? Me dice: «Bueno, porque a veces hay problemas con los grupos cubanos». Y pregunto: ¿Cuáles problemas son esos? Y me dice: «Bueno, a veces, son cosas…» Y digo: A mí no me interesa en lo absoluto, pueden venir con nosotros. Es un placer».*

Juan Formell: *Dios nos dio la posibilidad de conocer a un señor como Rubén Blades, que es muy gentil, muy hombre, muy amigo. Y eso nosotros se lo agradecemos a Dios que nos dio esa suerte de conocerlo.*

Los logros de Rubén Blades son diversos. Una vez consagrado, a su trabajo se le puede llegar por los numerosos éxitos y reconocimientos en la música (**Grammys**), el cine (Premio **Raúl Juliá**) y como activista de los derechos humanos (Premio **My Hero**, por crear conciencia sobre el Sida, y Premio **Harry Chapin**, por su labor social y humanística). No obstante, es posible que todo aquel que se acerque a su obra lo haga llamado por la narrativa de su concepto musical. Esa es la fuente de su creación, ese es su vínculo con unos y otros. Ese es el vínculo que sostiene los ciclos y los diálogos que recorrerán las páginas del libro. La música popular es otra forma literaria. La vida de los otros, que también es un poco la nuestra, se relata sin música o con música, pero se relata. Pretendo diseñar una ruta que confirme que Rubén Blades es un escritor que canta.

Y antes de ir a comer dejo sonando el tema *Olaya*, una diosa del mar que se le aparece en sueños a un hombre sólo para hacerle revelaciones. Él se enamora de ella y pierde el sentido del afuera hasta que el tic tac del reloj lo regresa a la realidad…

Su cuerpo precioso y ardiente
Me abraza y se vuelve mi piel
Olaya se acerca a decirme
Lo que siempre he querido saber.

Coro: Pero sonó el despertador y me interrumpe la visita con Olaya.

Ventana 7
Ciclos y diálogos

Caracas, Venezuela (de nuevo Venezuela) junio 1984. El amigo Chara Rafael me lleva en su (querido) mustang al Centro Comercial Concresa. A pesar de que aceptó llevarme (no es sencillo ir en transporte público al Concresa que queda en plena autopista), Chara duda de que Rubén Blades me atienda. Rubén participará en la presentación de la película *Por los caminos verdes*, que la venezolana Marilda Vera ha realizado inspirada en la canción *Caminos Verdes,* incluida en *Buscando América.* En la sala 1 de los cines Concresa será el estreno, nosotros no tenemos tarjeta de invitación, pero yo pretendo hablar con Blades en la antesala. (Es tarde, hay que darse prisa). Le llevo (en una carpeta, con mi dirección incluida) tres de mis relatos. Lo primero que hizo Chara al enterarse de mi pretensión fue preguntarme para qué quiero entregarle mis relatos a un cantante. Fue entonces cuando me di cuenta de que en cierta forma consideraba a Rubén Blades una especie distinta de escritor.

Barcelona-Nueva York, diciembre 2011.

—Rubén, en esta última ventana del libro vamos a conversar sobre algunos de tus recuerdos, pero también

113

te pediré opinión de tres o cuatro temas puntuales. ¿Te parece?

—Siglo XXI: ¿Masa o co-responsabilidad del individuo?

—Corresponde a la gente determinar qué tipo de sociedad quiere; si lo que desea es vivir en sociedad deberá determinar la responsabilidad individual hacia la colectividad y el aporte de cada cual a esa sociedad. Definir el propósito de esa unión social es vital. Eso es lo que se requiere, en mi opinión. Estamos empero viviendo con paradigmas del siglo 19, desgastados, desfasados y desacreditados. Se mantienen porque el interés económico de una minoría protagonista así lo determina, con la dócil aceptación de una mayoría lavada de cerebro, egoísta, indolente, y con bajos niveles de autoestima.

Caracas, junio 1984. Lobby de los cines Concresa; un numeroso grupo de personas brinda alrededor de Rubén Blades. Avanzo hacia el personaje y me presento. Entre la prisa amable de él y la presión de los otros, Rubén me saluda y toma la carpeta. De inmediato me retiro, Chara Rafael aún no sale de su asombro. Pocos meses después la vecina de al lado le dice a mi madre que por error le han entregado una postal dirigida a su hijo menor. Puntualmente la vecina dijo, exaltada, como si el asunto fuese con ella: «¡Doña Hercilia, el cantante Rubén Blades le mandó desde Nueva York una postal a su hijo Edgar...!»

Barcelona-Nueva York, diciembre 2011.

—**¿Nueva realidad?**

—La tecnología va a forzar la aparición de una nueva forma de organización social y de perspectiva administrativa. En la medida en que Internet llegue a más público, se debilitan los controles nacionales e internacionales que mantienen al mundo amarrado a lo que no funciona ya sólo para servir a los intereses creados y continuar enriqueciéndolos, dentro de un patrón/modelo dogmático/ideológico concebido siglos atrás. La ciencia también va a contribuir a ese cambio, alterando patrones de creencia y eliminando la resistencia a la adopción de otros parámetros de actividad social con la fuerza irresistible de la prueba.

Caracas, septiembre 1984. La postal tenía escrito el siguiente mensaje: «Te felicito por la inventiva de tus relatos; en el estudio y en la voluntad que le pongas a tu trabajo encontrarás el camino». Rubén Blades.

—**Música popular, ¿otra forma de literatura?**

—Tanto Gabriel García Márquez como Carlos Fuentes coinciden en darle respeto al argumento y aporte del escritor de música popular como parte de la literatura y creación cultural de una sociedad. Imagino que Vargas Llosa pensara igual, aunque nunca lo he conocido personalmente. La poesía del trabajo de un Chico Buarque, por ejemplo, es innegable y merece ser considerada como literatura.

Madrid. Desde niño, quizá como a muchos otros, la música de Rubén Blades acompañó distintas etapas de mi vida. A veces el hecho ocurría antes de la canción, demostrando así que el compositor es un cronista de acontecimientos que van y vienen sacudiendo las diversas existencias. En otras ocasiones, la canción llegaba primero que la experiencia. Entonces la vivencia se sentía parte de la canción. Como en el año 2005, cuando en Madrid recibo la inesperada noticia de la muerte de mi madre ocurrida en Caracas. *Amor y Control* surgió desde el año 1992 para convertirse en el necesario lamento que acompañó mi presente.

Barcelona-Nueva York, diciembre 2011.

—La juventud. ¿Por qué pensaste que no vivirías más allá de 40 años?
—Nunca creí que llegaría más allá de los 40 porque era muy enfermizo de joven. Por eso traté de ser libre siempre, controlar mí tiempo sin que nadie me controle o me obligue al qué hacer, y dedicarme a distintas cosas a la vez, utilizando cada minuto a plenitud.

Bogotá, Colombia, marzo 1999. Caminaba con prisa por una calle. Iba a tiempo a la reunión pautada, pero la cita era importante y prefería llegar minutos antes para tener plena conciencia de mi conversación. De pronto, en una esquina creí ver un rostro conocido. Era un mendigo que en vano pedía alguna moneda a los transeúntes. El hombre tenía el mismo rostro de Alejandro, el doble de Héctor Lavoe. Ante semejante absurdo me detuve a contemplar la derrota de aquel hombre, entregué mi tiempo y la reunión.

Barcelona-Nueva York, diciembre 2011.

—Cheo Feliciano.
—Lo escuché en un disco en casa de un amigo, me pareció que su voz sonreía al cantar. Me gusto su timbre y su ingenio al sonear. Empecé a imitar su estilo. Lo conocí en Panamá por un momento (me dice el propio Cheo) pero no lo recuerdo. La primera vez que recuerdo hablarle creo que fue en 1971, el mismo día que conocí a Tite Curet Alonso, en un sitio llamado «Casablanca» en el Condado, en Isla Verde, San Juan, Puerto Rico. Es casi increíble que acabamos de hacer un álbum juntos 40 años más tarde.

Ciudad de Panamá, febrero 2003. En un breve recorrido pude comprobar que la admiración que el pueblo panameño siente por Rubén Blades se ha convertido en un vínculo de amor. La idea del vínculo me vino a la mente cuando salí de un bar del centro donde en una mesa dejé un debate sobre qué país de América Latina admira más la obra de Rubén Blades, desde otra mesa una señora emocionada gritaba que en 1994 ella le dio su voto a Rubén cuando al frente del Movimiento Papa Egoró (Madre Tierra en lengua indígena) optó por la Presidencia de la República. En la barra la camarera contaba la historia del Rubén Blades actor. En aquel momen-

117

to si alguien me hubiera pregunta quién es Rubén Blades, mi respuesta habría sido que es un escritor que le canta a la responsabilidad individual como única vía para concretar el bienestar colectivo (la única posibilidad humana de entender el yo es si en su esencia existen réplicas del nosotros).

Barcelona-Nueva York, diciembre 2011.

—Gabriel García Márquez.

—Lo primero que leí de él fue su trabajo periodístico. Creo que *Relato de un Naufrago* es de lo mejor que ha hecho en su vida. Nos conectó un amigo mutuo, por teléfono, él en Colombia y yo en New York. No hablamos mucho esa vez porque creo que los dos consideramos que el amigo mutuo estaba jodiendo la paciencia y que no era Gabriel el que hablaba para mi, ni yo para Gabriel era Rubén. Solo hablamos por teléfono al principio pues a Gabriel no lo dejaban entrar a Estados Unidos. Después nos vimos en México primero. Tuve la idea de hacer un disco inspirado en literatura y me pareció ideal el obtener su participación para hacerlo, inspirado en sus cuentos cortos iniciales. Le propuse escribirlo juntos y me respondió instantáneamente que no. Le pregunté qué por que no, y me respondió: «No lo terminamos nunca». Así que lo hice solo, entendiendo que no iba a tratar de hacer adaptaciones de lo que ÉL escribió sino más bien interpretar lo que NO escribió y lo que me pareció se escondía detrás de la sombra del escrito. Así nació *Agua de Luna*, uno de los discos míos menos vendidos y más negativamente criticados. Todo el mundo lo atacó, y creo que nos gustó solo a él y a mí. *Ojos de Perro Azul* parece haber sobrevivido un tanto a esa debacle.

Ciudad de Panamá, febrero 2003.

Y de nuevo Alejandro (esa vez en palabras) invadía los espacios de mi memoria: «El vínculo entre Puerto Rico, los boricuas y Rubén Blades es un asunto entre madre y hermanos». Ya en el taxi, rumbo al aeropuerto, distrajo mi pensamiento la canción que el conductor llevaba en la radio. Era *Imagine* de John Lennon. De pronto pensé que la existencia musical de Lennon fue necesaria para la de Blades. (La vida como una carrera de relevos).

Barcelona-Nueva York, diciembre 2011.

—**Lecturas.**

—De los 6 a los 14 leí lo que me caía en las manos. Sir Walter Scott, Alejandro Dumas Padre, Francisco de Quevedo, Robert Stevenson, Homero, Virgilio, Juan Ramón Jiménez, Johanna Spyri, Mark Twain, todo lo del Reader's Digest, lo que fuera. De los 16 en adelante el autor que mas me impactó fue Albert Camus, sus ensayos sobre *El Hombre Rebelde* me devastaron y calaron hondo, por lo implacable de su honestidad. Balzac, por su capacidad de minuciosa descripción; Michel de Zevaco, por su divertida y entretenida forma de crear ficción histórica; Edgar Allan Poe por lo torturado de su visión y su creación del horror como forma literaria; George Trakl con su oscura y densa poesía simbolista; Horacio Quiroga y Eustacio Rivera por sus descripciones de selva y dificultad existencial; Guy de Maupassant por sus excelentes argumentos y cuentos; Ernest Hemingway, por lo sobrio y directo de su prosa; William Faulkner y sus arquetipos; Borges, *El Sur* me parece de lo mejor que se ha escrito jamás en cuento corto; Vinicius de Moraes; Vargas Llosa; Cortazar; Neruda y Benedetti; leí y leo mucho. Dejo muchos autores por fuera.

Caracas, noviembre 2004. Una mañana desperté sacudido por un sueño. Había soñado el final de mi breve relato *El vuelo de Caín*: ...Bajó la cabeza a la altura de los hombres y ató las cuerdas del globo a la motocicleta. Sin despedirse de su hogar, subió a su poderoso vehículo de dos ruedas con alas y se echó a volar por el mundo. En su ruta fue dejando caer los papeles de su tardía confesión: «Mi verdadero nombre es Caín; hace siete días asesiné a mi hermano menor y dejé su cuerpo en la calle 11 de la avenida norte. A él, denle cristiana sepultura; a mí ni me busquen porque jamás me encontrarán».

Barcelona-Nueva York, diciembre 2011.

—**Influencia de los padres.**
—En realidad me causó impacto mi madre, pues llegue a verla en dos programas de televisión en que ella semanalmente aparecía, eso en un tiempo en que no habían artistas nacionales conocidos en Panamá, «La Hora Continental» y

«Martes a las 8». No teníamos televisión para ver a mi mama al principio. Le pagaban $20.00 por programa y eso incluía todo, vestuario, maquillaje, producción, etc. Creo que verla en televisión influyó en mi deseo de ser actor mas adelante. También la vi actuar en la radio, donde me llevaba cuando mi abuela no podía cuidarme. En «La Red Panamericana» trabajó como actriz radial, junto a las figuras de Anita Villalaz y Harry Iglesias. Mi papá no tocaba bongos cuando nací. Era detective entonces y jugaba aún baloncesto, era parte de la selección nacional de Panamá y Olímpica.

Caracas, noviembre 2004. Una noche desperté creyendo que vivía una pesadilla. Desde la ventana de mi casa materna me veía el niño de la furia. Yo era el otro niño que apaleaba como nadie a la pareja de padre e hijo que se atrevió a robar en el barrio.

Barcelona-Nueva York, diciembre 2011.

—**Un premio literario.**
—Hubo un concurso intercolegial de cuentos. Gané en mi categoría pero nos citaron, a mis padres y a mí, porque el contenido del cuento que escribí les pareció demasiado avanzado para un niño de siete anos. Al final, cuando fui a recibir el premio, solo me dieron un pergamino porque los premios se habían acabado. Me acuerdo que mi abuela se molestó mucho por eso. Pero eso indica que ya a los siete años estaba escribiendo.

Caracas, diciembre 2004. De nuevo la sensación del paseo. Atrás dejé la rabia desatada que durante un tiempo me llevó calle abajo (y con piedras en las manos) tras la vorágine del mundo. Saber que esta vez se trata de mí recorrido, recorrido decididamente interno, contemplativo. Mirada y recorrido se convierten en escritura, en testimonio. Saber que en mí habitan otros (y que yo soy el resultado de otros caminos). Mi huella, las huellas; la huella. Ir por la calle, rebelado de la agonía disfrazada de vida; andar con mi pulso, con mi fuego, en mi laberinto pero buscando una salida (entre todas las salidas).

Barcelona-Nueva York, diciembre 2011.

—El niño.
—Tuve una infancia feliz. Nací en una situación económica muy ajustada. Esto es, no había para lo innecesario. Nunca recuerdo haber pasado hambre, ni estuve sin techo. Pero no crecí con carro, televisión, ni hubo dinero que no fuera trabajado y cuidado... Caminar con mi abuela, de la Calle 13 Oeste, pasando frente al Templo Masónico (del cual mi abuela era miembro), hacia un muro con un palo de almendra, a ver el Mar del Sur. Ir al Teatro Edison, por Plaza Amador, a dos cuadras de Calle 13, o al Variedades frente a la Plaza de Santa Ana, o a El Dorado, frente al Café Coca Cola en Santa Ana, o al Teatro Amador, cerca del Coca Cola.

Barcelona, enero 2012. El retorno a la mesa de trabajo (otro repaso a mi Proyecto); la reconstrucción de algunos hechos, las calles, las personas, las palabras, las canciones, los silencios, los ciclos, los tiempos, las geografías (la ventana, el barrio, la avenida, el todo); la familia, los amigos, la sociedad, la existencia, la carrera, los pasos, el salto (la vida); la alteración de los recuerdos (un lugar todos los lugares, una mirada todas las miradas); el regreso a la pesadilla en Caracas (el niño, ¿quién era el niño?); los vínculos. El comprender que durante todos estos años me ha golpeado la idea de creerme responsable por haber presenciado el nacimiento de un asesino. El asesino de un buen doble que tuvo la original idea de contarme detalles sobre los vínculos emocionales que despertaron en él las canciones de Rubén Blades (La poesía es el punto de partida de todo arte, ojalá también lo fuera de toda existencia). ¿Qué habría pasado si aquel niño no hubiese tenido furia en la mirada? ¿Qué le ocasionó esa furia? ¿Quién habría sido (o es) el dueño de esa furia?

La música sacude las palabras que guardan los libros de la biblioteca. La literatura acude siempre deseosa al llamado de la rebelión interior. Una y otra vez los tiempos (y sus voces) nos cuentan la historia de una cárcel y la idea de libertad o de resignación de los seres que habitan en ella. La soledad, el tema que nos mueve o nos pulveriza. Quevedo ha salido de los libros en esta tarde de Blades.

Quevedo, maestro burlesco de la amarga seriedad del mundo, deme hoy sus sátiras y poemas para fugarme de la cárcel donde me condenaron a la lejanía eterna. Deme luz, llévese el escepticismo de esta realidad postiza y ábrale espacio al fuego. Deme «Sueños y discursos», deme la «Historia de la vida del Buscón», deme «Amor constante más allá de la muerte». Haga de esta mediocre tragedia una caricatura sangrienta que me devuelva al cosmos de los vivos. Quevedo, poeta quebrantador de la belleza sagrada de los infiernos, deme palabras y rompa barrotes. Hágaseme polvo.

De la mesa de trabajo se cayó el lápiz. No. De la mesa de trabajo se *me* cayó el lápiz (Nada ocurre ante la mirada sin comprometer al observador). En este instante, de cara a la calle, tengo un poco más clara la forma que tendrá mi libro (el libro).

9024797R00076

Made in the USA
San Bernardino, CA
04 March 2014